형법총론 Ⅱ

김 선 복 저

PUKYONG NATIONAL UNIVERSITY PRESS
부경대학교 출판부

형법총론 II

2012년 3월 29일 인쇄
2012년 4월 05일 발행

저 자 I 김 선 복
발행인 I 박 맹 언
발행처 I 부경대학교 출판부
주 소 I 부산광역시 남구 용소로 45
전 화 I (051) 629-6914
F A X I (051) 629-6917
E-Mail I upress@pknu.ac.kr

값 15,000원

ISBN 978-89-88583-25-8 94360
978-89-88583-26-5

머리말

저자는 유학시절 슈트라텐베르트(Stratenwerth)교수의 스위스 형법(Schweizerisches Strafrecht) 교과서로 공부하면서 난해한 형벌이론을 쉽게 이해할 수 있었다. 슈트라텐베르트 교수는 목적적 행위론의 창시자인 벨첼(H. Welzel) 교수의 제자로서 독일뿐만 아니라 스위스 형법학의 발전에도 크게 기여한 학자이다. 이 교과서는 그렇게 두껍지 않으면서도 형법해석에 필요한 기본이론을 예를 들어 쉽게 설명하는 특징을 가지고 있다. 이때부터 저자는 언젠가 이와 같은 형법교과서를 써야겠다는 바램을 가져 왔고 오늘에서 이 책을 출간하게 되었다.

저자는 20여년의 형법총론에 대한 강의와 연구를 토대로 1년에 걸쳐 형법총론교과서를 집필하였다. 이 책의 취지는 학생들이 어려운 형벌이론을 쉽고 정확하게 이해할 수 있게 하는 것이다. 그래서 이 책은 다음과 같은 것에 중점을 두고 집필되었다.

첫째, 책의 두께를 대폭 줄였다. 형법을 공부하는 학생들에게 필요한 것은 형법에 대한 기초지식이다. 복잡하고 난해한 형법이론은 학생들에게 형법은 어려운 과목이라는 인상을 주어 결국은 형법을 포기하게 만들 수 있다. 어렵고 장황한 설명이나 이론의 소개는 가능한 한 피하도록 하였다.

둘째, 이 책에서 기존의 교과서가 다루고 있는 형법총론의 문제를 거의 전부 다룸으로써 이 책 한 권으로 기초지식을 얻는 데 부족함이 없도록 하였다.

셋째, 중요한 대법원판례를 소개하여 형법이론을 쉽고 정확하게 이해할 수 있도록 하였다. 판례를 통하여 구체적 사건에 적용되는 형법이론을 배울 수 있기 때문이다.

넷째, 형법총론의 문제를 논할 때 판례와 학설을 비판적으로 검토하여 다른 시각으로 문제를 바라보고 해결함으로써 학생들이 비판적 사고능력을 키울 수 있도록 하였다.

책을 쓰는 동안 내내 저자의 능력이 많이 부족하다는 것을 느꼈고 괜찮은 형법총론교과서를 쓸 수 있을까 고민을 많이 하였다. 부족하고 미흡한 점이 있겠으나, 이는 연구를 통하여 계속 보완해 나갈 것이다. 이 책이 법을 공부하는 학생들에게 조금이라도 도움이 되기를 기대해 본다.

이 책을 집필하는 데 많은 도움을 준 박단비 양에게 감사의 말을 전한다. 그리고 묵묵히 이해하고 응원해준 사랑하는 나의 가족에게도 미안함과 함께 고마움을 전한다.

2012. 3.

저 자

목 차

제1편 공 범 론

제1장 정범과 공범

제2편 특수한 범죄형태

제1장 과실범

제 2 장 부작위범

제3편 죄 수 론

제1장 죄수 일반론

제2장 일 죄

제3장 수 죄

제 2 장 보안처분

제 1 편

공 범 론

제 1 장 정범과 공범

제 1 절 정범과 공범이론

I. 범죄참가형태

형법각칙상의 범죄는 원칙적으로 단독으로 구성요건을 직접 실현하는 1인의 행위자를 전제로 한다. 이를 단독범(Alleintäterschaft)이라고 한다. 그러나 형법각칙상의 구성요건은 수인이 협력하여 실현할 수도 있다. 이를 통틀어 범죄참가형태(Beteiligungsform)라고 한다. 단독범을 전제로 하는 범죄구성요건이 수인에 의하여 공동으로 실현되었을 때 범죄참가자를 어떻게 처벌할 것인가의 문제를 논의하는 이론을 정범과 공범이론이라고 한다.

범죄참가형태를 규정하는 입법방식으로는 단일정범개념과 상이한 범죄참가형태의 분리방식이 있다. 단일정범개념은 정범과 공범의 구별 없이 구성요건의 실현에 기여한 모든 참가자를 정범으로 간주하되 개개의 행위자는 구성요건에 통일적으로 정해진 형벌의 범위 내에서 각자의 행위기여도에 따라 처벌하는 방식을 의미한다. 그 이유로는 정범과 공범을 구별하는 것이 쉽지 않고, 정범에 비하여 공범, 자세히 말하면 종범을 경하게 처벌해야 하는 근거가 명확하지 않다는 것을 든다. 그러나 단일정범개념에 대해서는 ① 범죄가담형태의 근본적인 차이를 무시하고, ② 모든 행위기여를 법익침해의 야기로 간주할 때에는 당해 구성요건의 특수한 행위반가치가 없어지고, ③ 자수범과 신분범에 있어서 신분 없는 자와 구성요건을 직접 실현하지 않는 자도 단순히 행위기여의 인과성 때문에 정범이 되어야 하며, ④ 범죄참가형태의 미수범은 정범의 미수범이 되어 처벌범위의 부당한 확대를 초래한다는 비판이 가해진다.[1] 형법은 공동정범, 간접정범, 교사범 및 종범을 규정하여 단일정범개념을 채택하고 있지 않다.[2]

---

1) Jescheck/Weigend, S. 645.

상이한 범죄참가형태의 분리방식은 상이한 범죄가담형태, 즉 정범과 공범을 구별하여 각칙의 구성요건을 총칙의 공범이론으로 보완하는 방식이다. 형법은 공동정범, 간접정범, 교사범 및 종범을 구별함으로써 이 분리방식을 채택하고 있다. 이 분리방식은 정범과 공범의 구별이 가능한 고의범에만 적용된다.

그러나 과실범에 있어서는 공범이 성립할 수 없으므로 구성요건에 기여한 자는 모두 정범으로 본다.

II. 정범의 개념

1. 확장적 정범개념

확장적 정범개념은 결과에 대한 모든 조건은 동가치적이라는 조건설에 근거하여 구성요건적 결과야기에 기여한 자는 자신의 행위가담이 구성요건에 해당하는 행위인지와 상관없이 모두 정범이라고 한다. 이에 의하면 교사범과 종범은 정범이지만 특별한 공범규정에 의하여 정범과는 다르게 취급된다고 한다. 즉 형법은 종범을 정범에 비하여 가볍게 처벌하고 있다. 따라서 교사범과 종범은 정범의 형을 제한하는 형벌제한사유(Strafeinschränkungsgründe)로 간주된다. 확장적 정범개념에 의하면 정범과 공범은 객관적으로 구별될 수 없으므로 주관적 구별기준을 찾을 수밖에 없게 된다. 따라서 확장적 정범개념은 주관설과 결합한다.

2. 제한적 정범개념

제한적 정범개념은 구성요건을 직접 실현한 자가 정범이라고 한다. 따라서 범죄를 직접 실행하지 않은 교사범과 종범은 정범에 해당하지 않는다. 교사범이나 종범과 같은 공범이 처벌되기 위해서는 형법에 특별규정이 있어야 한다. 형법은 정범이 아닌 교사범과 종범을 처벌하는 특별규정(형법 제

2) 김일수/서보학, 557면; 박상기, 365면; 오영근, 599면; 이재상, 418면; 이형국, 305면; 임웅, 380면.

31조와 제32조)을 두고 있다. 따라서 교사범과 종범은 정범의 처벌을 확장하는 형벌확대사유(Strafausdehnungsgründe)가 된다. 제한적 정범개념은 정범과 공범을 객관적으로 구별하는 객관설과 결합한다.

3. 검토

제한적 정범개념은 구성요건을 직접 실현하지 않는 간접정범을 공범으로 보아야 하고, 공동정범의 경우에도 구성요건의 전부 또는 일부를 직접 실현하지 않은 자는 정범이 될 수 없는 결함을 가지고 있다. 또 확장적 정범개념은 ① 결과야기에 기여한 자를 모두 정범에 포함시킴으로써 정범의 처벌범위를 지나하게 확대하기 때문에 죄형법정주의에 위배되고, ② 신분범에 있어서 형법각칙에 간접정범에 대한 특별구성요건(형법 제228조)이 있다는 것은 입법자가 비신분자를 정범으로 파악하고 있지 않다는 것을 말해주므로 타당하지 않으며.[3] ③ 교사범과 종범을 정범으로 보는 경우에는 교사범은 정범의 형으로 처벌한다(형법 제31조 제1항)는 형법상의 규정이 필요하지 않을 뿐 아니라 종범의 형을 정범의 형에 비하여 감경(형법 제32조 제2항) 할 이유도 없으므로 확장적 정범개념은 형법의 태도에 일치하지 않는다[4] 는 비판을 받는다.

III. 정범과 공범의 구별

정범과 공범은 구별되어야 한다. 그 이유는 진정신분범에 있어서 정범은 반드시 정범적격(신분자)이 있어야 하고, 공범(종범)은 정범에 비하여 가벼게 처벌될 수 있으며, 공범의 정범에 대한 종속성과 독립성의 문제를 결정하여야 하기 때문이다. 특히 정범과 공범의 구별문제는 외적으로 유사한 공동정범과 종범, 간접정범과 교사범의 구별문제라고 할 수 있다. 정범(단

3) Jescheck/Weigend, S. 651.
4) 김일수/서보학, 574면; 박상기, 366면; 배종대, 549면; 성낙현, 542면; 이재상, 421면.

독정범, 공동정범 또는 간접정범)과 공범(교사범, 종범)의 구별기준이 무엇인가에 대해서는 객관설, 주관설 및 행위지배설이 대립하고 있다.

1. 객관설

객관설은 다시 형식적 객관설과 실질적 객관설로 나누어진다.

(1) 형식적 객관설

형식적 객관설은 제한적 정범개념에 따라 구성요건을 직접 실현한 자가 정범이고, 그 밖의 방법으로 구성요건의 실현에 기여한 자가 공범이라는 견해이다. 예를 들면 A와 B가 공모하여 C를 강간할 때 B가 C를 폭행하고 A가 강간한다면 A는 정범이고 B는 공범이 된다.

형식적 객관설에 대해서는 ① 정범의 개념을 지나치게 제한함으로써 간접정범을 정범에세 제외시키고, ② 구성요건의 전부 또는 일부를 실현하지 않는 공동정범의 정범성도 인정할 수 없게 되는 부당한 결과를 초래한다는 비판이 가해진다. 오늘날 이 견해를 지지하는 학자는 없다.

(2) 실질적 객관설

실질적 객관설은 행위자의 행위기여를 표시하는 위험성의 정도에 따라 정범과 공범을 구별하는 견해이다. 특히 인과관계의 종류와 정도에 따라 구별하려고 한다. 실질적 객관설은 필요설과 동시설로 나누어진다.

필요설은 구성요건적 결과발생에 필연적인 행위를 한 자가 정범이고 그 이외의 자가 공범이라고 하는 견해이다. 동시설은 실행행위의 시점을 기준으로 하여 행위 시에 협력한 자가 정범이고 그 전이나 후에 협력한 자가 공범이라는 견해이다.

필요설에 대해서는 ① 인과관계이론에 있어서 원인과 조건을 구별하는 것은 불가능하고, ② 이 견해의 의하면 타인으로 하여금 범죄를 결심하게 한 교사범은 항상 정범이 되어야 하므로 간접정범과 교사범을 구별하는 기준이 될 수 없으며,[5] ③ 행위귀속을 판단함에 있어서는 인과과정의 조종방법과 행위의 주관적 요소가 중요한 기준이 된다는[6] 비판이 제기된다.

동시설에 대해서는 ① 실행행위 시의 방조행위를 정범으로 보아야 하고, ② 실행행위 이전에 있었던 중요한 행위기여는 언제나 공범이라고 해야 하며, ③ 간접정범도 항상 공범이 된다고 하는 부당한 결과를 가져온다는 비판이 가해진다.

2. 주관설

주관설은 결과에 대한 모든 조건은 동가치적이라는 조건설에 근거하여 주관적 기준에 따라 정범과 공범을 구별하는 견해이다. 즉 정범과 공범은 모두 결과에 대한 조건으로서 객관적으로는 차이가 없기 때문에 행위자의 의사를 구별기준으로 하여야 한다고 한다. 이 견해는 의사설과 이익설로 나뉜다.

의사설은 행위자가 범죄를 자신의 것으로 하고자 하는 정범의사(Täterwillen, animus auctoris)로 행위를 한 경우에는 정범이고, 타인의 것으로 하고자 하는 공범의사(Teilnahmewillen, animus socii)로 행위를 한 경우에는 공범이라는 견해이다.

의사설에 대해서는 ① 정범의사나 공범의사가 있었는지는 결국 정범과 공범의 구별을 전제로 하므로 순환논법에 빠지게 되고, ② 구성요건의 실현에 대한 객관적 행위기여를 배제함으로써 법관의 자의적인 판단을 가능하게 한다는 비판이 제기된다.

이익설(Interessentheorie)은 자기의 이익을 위하여 행위를 한 자는 정범이고 타인의 이익을 위하여 행위를 한 자는 공범이라는 견해이다.

이익설은 ① 정범인 촉탁살인죄(형법 제252조 제1항)나 촉탁낙태죄(형법 제269조 제2항)뿐 아니라 제3자를 위한 강도죄(형법 제333조) · 사기죄(형법 제349조) · 공갈죄(형법 제350조) · 배임죄(형법 제355조 제2항) 등도 공범이 되어야 하고, ② 자기의

---

5) 박상기, 369면; 배종대, 550면; 성낙현, 544면; 이재상, 423면; 임웅, 385면.
6) Jescheck/Weigend, S. 649.

이익을 위한 범죄인지 타인의 이익을 위한 범죄인지도 명백하지 않다는 비판을 받는다.

3. 행위지배설

행위지배설(Tatherrschaftslehre)은 객관적 요소와 주관적 요소를 결합하여 정범과 공범을 구별하는 견해이다. 즉 정범이란 구성요건을 실현하는 사건의 진행을 지배한 자를 말하고, 공범은 범죄의 결의를 야기하는 교사범과 범죄를 촉진하는 종범을 의미한다고 한다. 행위지배란 구성요건을 실현하는 사건진행을 장악하는 것 또는 자기의사에 따라 사건진행을 조종하는 것을 말한다. 즉 그것은 구성요건의 실현을 지배하는 것이다. 행위지배설에 의하면 정범은 자신의 의사에 따라 사건의 진행을 저지하거나 사건을 진행시킬 수 있는 자이고, 공범은 행위지배 없이 범죄의 결의를 야기하거나 범죄를 촉진하는 자라고 한다. 행위지배설은 제한적 정범개념을 취하고 있다. 이에 의하면 정범은 구성요건적 결과발생에 기여한 자가 아니라 원칙적으로 구성요건에 해당하는 행위를 행하는 자를 의미한다.[7] 구성요건에 해당하는 행위는 객관적·주관적 의미의 통일체인 것이다.

행위지배는 직접정범, 간접정범, 공동정범에서 각각 다른 내용을 가지고 있다.

(1) 구성요건을 직접 실현하는 직접정범에 있어서는 행위지배는 실행지배(Handlungsherrschaft)의 형태이다. 실행지배는 구성요건에 해당하는 행위 그 자체에 대한 지배를 말한다.

(2) 타인을 도구로 이용하여 범죄를 저지르는 간접정범의 경우에는 행위지배는 피용자에 대한 의사지배(Willensherrschaft)의 형태를 보인다. 간접정범에서는 이용자는 범행을 위하여 타인을 도구로 이용하면서 자신의 우월성에 의하여 직접정범의 행위지배와 동등한 가치가 있는 의사지배를 취득한다.[8]

---

7) Jescheck/Weigend, S. 652.

(3) 2인 이상이 공동으로 구성요건을 실현하는 공동정범에 있어서 행위지배는 기능적 행위지배로 나타난다. 공동정범은 역할을 분담하는 분업적 실행행위에 의하여 구성요건을 실현하는 경우이다. 공동정범자는 범죄계획의 실현을 위하여 중요한, 그들로 하여금 행위기여를 통하여 전체사건에 대한 지배를 가능하게 하는 임무를 수행한다. 각자는 자신의 행위기여에 의하여 전체사건을 지배한다. 공동정범자의 행위지배는 실행행위에 있어서의 그의 기능으로부터 나온다. 이를 기능적 행위지배(Funktionale Herrschaft)라고 한다.[9] 행위지배설이 다수설[10]와 판례[11]의 입장이다.

□ 판례(대법원 1996. 1. 26, 95도2461)

공동정범이 성립하기 위하여는 주관적 요건으로서 공동가공의 의사와 객관적 요건으로서 공동의사에 의한 기능적 행위지배를 통한 범죄의 실행사실이 필요한바, 위 주관적 요건으로서 공동가공의 의사는 타인의 범행을 인식하면서도 이를 저지하지 아니하고 용인하는 것만으로는 부족하고 공동의 의사로 특정한 범죄행위를 하기 위하여 일체가 되어 서로 다른 사람의 행위를 이용하여 자기의 의사를 실행에 옮기는 것을 내용으로 하는 것이어야 한다.

4. 검토

객관설과 주관설은 정범과 공범을 구별하는 기준이 될 수 없음이 명백해졌다. 따라서 객관적 요소와 주관적 요소를 결합한 행위지배설이 타당하다고 생각한다. 이에 의하면 정범은 자신의 객관적 행위기여의 의미에 따라 구성요건의 실현을 지배하는 자를 말한다.

그러나 목적범, 신분범 및 자수범의 경우에는 구성요건에 해당하는 행위의 실현(행위지배)으로 정범성을 인정하기에 족하지 않다.

---

8) BGHSt. 32, 38.

9) Roxin, AT II, S. 77.

10) 김일수/서보학, 574면; 박상기, 370면; 배종대, 552면; 성낙현, 548면; 오영근, 618면; 이재상, 428면; 이정원, 305면; 이형국, 320면; 임웅, 388면; 정성근/박광민, 486면.

11) 대법원 1989. 4. 11, 88도1247; 1996. 1. 26, 95도2461.

목적범의 경우에는 고의 이외에 목적을 가지고 구성요건에 해당하는 행위를 하는 자가 구성요건을 실현하고 정범이 될 수 있다. 사건진행에 대한 지배 그 자체로는 족하지 않다. 신분범에 있어서도 행위지배를 가진 자가 아니라 특별의무를 진 자. 즉 신분자가 정범이 될 수 있다. 따라서 비신분자의 간접정범은 성립하지 않는다. 그러나 자수범의 정범은 구성요건을 스스로 실현하는 자이다. 따라서 자수범의 경우에는 공동정범과 간접정범이 인정되지 않는다.

IV. 공범의 종속성

1. 정범과 공범의 관계

정범과 공범은 어떤 관계에 있는가, 즉 공범은 정범에 종속하는가 아니면 공범은 정범과 상관없이 독립하여 성립하는가가 문제된다. 이에 대해서는 공범종속성설과 공범독립성설이 대립하고 있다.

(1) 공범종속성설

공범종속설은 공범의 성립은 정범의 성립을 전제로 한다는 견해이다. 공범은 정범의 범죄를 야기하거나 촉진하여 정범의 범죄에 가담할 뿐이고 구성요건을 직접 실현하는 것은 정범이다. 불법은 구성요건을 실현하여야 성립하는 것이므로 공범의 불법은 정범의 불법에서 나온다. 공범종속성설은 공범이 성립하기 위해서는 정범은 최소한 위법하게 실행에 착수하여야 한다고 한다.

(2) 공범독립성설

공범독립성설은 공범은 정범의 성립과 상관없이 독립하여 성립한다는 견해이다. 이 견해는 주관주의 범죄론에 입각하여 범죄를 반사회적 성격의 징표로 파악하고 교사 또는 방조행위는 반사회성의 징표이므로 교사범 또는 종범은 정범의 성립과는 무관하게 성립하는 단독범범죄라고 한다. 따라서 피교사자가 실행에 착수하지 않더라도 교사행위가 있으면 미수가 성립하고 피교사자의 책임능력 유무도 묻지 않으며 간접정범은 교사범에 흡수되기 때문에 교사범과 간접정범의 구별할 필요도 없다고 한다.

(3) 검토

현재 공범종속성설이 통설이다. 형법이 "타인을 교사하여 죄를 범하게 한 자"(형법 제31조 제1항), "타인의 죄를 방조한 자"(형법 제32조 제1항)로 규정하여 정범의 성립을 전제로 하고 있고, 피교사자가 범죄의 실행을 승낙하고 실행의 착수에 이르지 아니하거나 범죄의 실행에 승낙하지 아니한 교사의 미수를 미수로 처벌하는 것이 아니라 예비·음모에 준하여 처벌한다는 것은 공범독립성설에 일치하지 않는다. 따라서 공범종속성설이 타당하다. 판례도 공범종속성설을 취하고 있다.[12)]

> **ㅁ 판례(대법원 2000. 2. 25, 99도1252)**
>
> 교사범이 성립하기 위해서는 교사자의 교사행위와 정범의 실행행위가 있어야 하는 것이므로, 정범의 성립은 교사범의 구성요건의 일부를 형성하고 교사범이 성립함에는 정범의 범죄행위가 인정되는 것이 그 전제요건이 된다.

2. 공범종속성의 정도

공범종속성설에 따를 경우에 공범이 성립하기 위하여는 정범의 행위는 어느 정도의 범죄성립요건을 갖추어야 하는가가 문제된다. 종속성의 형식으로는 네 가지를 든다.

(1) 최소종속형식

최소종속형식은 정범의 행위가 구성요건에 해당하면 공범이 성립한다는 견해이다. 정범의 행위가 위법하거나 유책할 것을 요하지 않는다. 그러나

---

12) 대법원 1970. 3. 10, 69도2497; 1978. 2. 28, 77도3406; 1998. 2. 24, 97도183.

위법하지 않은 행위를 야기하거나 촉진하는 경우에도 공범의 성립을 인정하는 것은 부당하다. 공범은 타인의 범죄를 야기하거나 촉진하는 것이므로 적법한 행위를 교사 또는 방조하는 것은 공범이 될 수 없기 때문이다.

(2) 제한적 종속형식

제한적 종속형식은 정범의 행위가 구성요건에 해당하고 위법하면 공범이 성립하고 책임이 있을 필요가 없다고 한다. 따라서 책임무능력자에게 범죄의 결의를 야기한 때에도 교사범이 성립한다. 우리나라의 다수설에 해당한다.[13)]

(3) 극단적 종속형식

극단적 종속형식은 정범의 행위가 구성요건에 해당하고 위법할 뿐 아니라 유책하여야 공범이 성립한다고 한다. 따라서 책임무능력자에 대한 교사·방조의 경우에는 공범이 성립하는 것이 아니라 간접정범의 성립이 문제된다.

(4) 초극단적 종속형식

초극단적 종속형식은 정범의 행위가 구성요건해당성·위법성·책임뿐 아니라 처벌조건 및 형의 가중·감경사유까지 구비하여야 공범이 성립한다고 한다. 현재 우리나라에서 이를 지지하는 학자는 없다.

(5) 검토

이 네 가지 종속형식 중에서 제한적 종속형식과 극단적 종속형식이 유력하다고 볼 수 있다. 극단적 종속형식에 의하면 형법 제31조가 "타인을 교사하여 죄를 범하게 한 자", 제32조가 "타인의 범죄를 방조한 자"라고 규정하고 있기 때문에 정범의 행위는 범죄의 성립요건(구성요건해당성·위법

13) 김성천/김형준, 494면; 김일수/서보학, 633면; 박상기, 375면; 배종대, 562면; 이재상, 432면; 이정원, 294면; 이형국, 312면; 임웅, 393면; 정성근/박광민, 502면.

성 · 책임)을 구비하여야 한다고 한다.

그러나 불법은 행위를 판단대상으로 하지만 책임은 위법한 행위를 한 행위자를 비난하는 자기책임을 의미하므로 공범의 책임은 정범의 책임과 관계없이 독자적으로 판단되어야 한다. 또 형법 제31조와 제32조의 범죄를 반드시 구성요건에 해당하고 위법하며 유책한 행위로 해석하여야 하는 것도 아니다. 왜냐하면 형법은 피교사자의 실행행위가 없는 경우에도 교사자를 예비 · 음모로 처벌하고 있기 때문이다(제31조 제2항 · 제3항). 따라서 다수설인 제한적 종속형식이 타당하다고 생각한다.

3. 공범의 처벌근거

공범은 단지 타인의 범죄를 야기 또는 촉진할 뿐이고 구성요건을 직접 실현하지 않음에도 불구하고 처벌되는 이유가 무엇인가 문제된다. 이에 대하여는 견해가 대립하고 있다.

(1) 책임가담설

책임가담설은 공범이 정범의 유책한 행위에 가담하였다는 데 처벌근거가 있다고 하는 견해이다. 즉 공범이 정범의 유책한 행위를 야기하여 정범을 타락시켰다는 것이 처벌근거라고 한다. 책임가담설은 극단적 종속형식를 전제로 하는 이론으로서 제한적 종속형식을 취하는 입장에는 일치하지 않는다. 현재 이 견해를 주장하는 사람은 없다.

(2) 불법가담설

불법가담설은 공범이 정범의 위법한 행위를 적극적으로 야기 · 촉진시켰다는 데 처벌근거가 있다고 한다. 책임가담설을 제한적 종속형식에 따라 변형시킨 이론이다. 이에 의하면 비신분자도 신분범에 가담할 수 있다고 한다. 그러나 종범은 정범의 위법한 행위에 적극적으로 가담하는 것이 아니므로 이 견해는 종범의 처벌근거를 설명하지 못한다는 비판을 받는다.

(3) 순수야기설

순수야기설은 공범의 처벌근거는 정범에 있는 것이 아니라 공범 자체에 있다고 하는 견해이다. 공범은 형법각칙의 공범구성요건을 실현하여 보호법익을 침해하기 때문에 처벌된다는 것이다. 즉 공범이 타인의 범죄를 야기 또는 촉진하는 것 그 자체가 법익을 침해하는 것이고, 이로 인하여 공범의 고유한 행위반가치가 인정된다고 한다.

순수야기설에 대해서는 공범독립성설에 따른 견해로서 형법이 취하고 있는 공범종속성설에 일치하지 않으며,[14] 불법은 행위반가치 이외에 결과반가치를 포함하고 있음에도 불구하고 공범성립의 경우에는 행위반가치로 충분하다고 하는 것은 부당하다는 비판이 가해진다.[15]

(4) 종속적 야기설

종속적 야기설은 정범의 범죄를 야기 또는 촉진하였다는 데 공범의 처벌근거가 있으나 공범의 불법은 정범의 불법에 종속한다고 하는 견해이다.[16] 순수야기설을 제한적 종속성설에 따라 수정한 이론이기 때문에 수정된 야기설이라고도 한다. 독일의 통설이다.

(5) 혼합적 야기설

혼합적 야기설은 순수야기설과 종속적 야기설을 결합한 견해이다. 즉 공범의 불법은 정범이 구성요건을 실현한 것과 공범이 정범의 범죄를 야기 또는 촉진함으로써 법익을 침해하였다는 것에서 나온다고 한다.[17] 공범은 한편으로는 정범에 종속하면서, 다른 한편으로는 교사 또는 방조행위에 의하여 법익을 침해한다는 것이다. 따라서 공범의 불법은 정범의 범죄를 야기 또는 촉진한 행위반가치와 독자적 법익침해라는 결과반가치로 구성된

---

14) 배종대, 563면; 이재상, 434면; 임웅, 394면.
15) 이재상, 434면.
16) 김성천/김형준, 496면; 박상기, 379면; 배종대, 563면; 이재상, 435면; 이정원, 307면; 이형국, 314면.
17) 김일수/서보학, 632면; 오영근, 663면.

다. 즉 공범은 정범의 범죄에 가담함으로써 간접적으로 법익을 침해했기 때문에 처벌된다고 한다. 혼합적 야기설에는 공범의 범죄야기 또는 촉진에서 독립적 행위반가치가 인정되고, 정범의 행위가 법익을 침해하므로 공범의 결과반가치는 정범에 종속된다는 행위반가치 · 결과반가치론도 포함된다.[18]

(6) 검토

현재 우리나라에서 유력한 견해는 종속적 야가설과 혼합적 야기설이다. 혼합적 야기설은 공범독립성설에 기초하는 순수야기설을 포함하므로 공범종속성설을 인정하고 있는 형법의 태도에 일치하지 않는다는 비판은 여전히 유효하고, 공범의 독자적 불법을 인정하는 때에는 기도된 교사를 예비 · 음모에 준하여 처벌하는 형법 제31조 제2항과 제3항을 설명할 수 없게 된다.[19] 따라서 종속적 야기설이 타당하다고 생각한다.

4. 필요적 공범

(1) 의의

형법각칙의 구성요건은 원칙적으로 1인의 행위자에 의하여 실현되는 단독범이다. 이러한 구성요건을 수인이 가담하여 실현하는 경우를 임의적 공범이라고 한다. 형법총칙상의 공범이 여기에 해당한다. 이와는 달리 형법각칙의 구성요건이 2인 이상의 참가를 요구하는 경우를 필요적 공범이라고 한다. 일반적으로 공범이라고 할 때에는 임의적 공범을 말한다.

(2) 필요적 공범의 종류

필요적 공범은 다음과 같이 구별된다.

---

18) 임웅, 396면; 정성근/박광민, 505면.
19) 배종대, 563면; 이재상, 435면.

1) 집합범

집합범이란 다수인이 동일한 목표를 가지고 동일한 방향을 향하여 공동으로 저지르는 범죄를 말한다. 집합범은 동일한 법정형으로 처벌되는 소요죄(형법 제115조)와 해상강도죄(형법 제340조), 상이한 법정형이 부과되는 내란죄(형법 제87조), 1인도 범할 수 있으나 2인 이상이 합동하여 범하는 때에는 형이 가중되는 특수절도죄(형법 제331조), 특수강도죄(형법 제334조) 및 특수도주죄(형법 제146조)와 같은 합동범으로 나뉜다.

2) 대향범

대향범이란 2인 이상이 서로 다른 방향에서 동일한 목표를 가지고 구성요건을 실현하는 범죄를 말한다. 대향범도 법정형의 차이에 따라 ① 대향자 모두 동일한 법정형으로 처벌되는 간통죄(형법 제241조), 도박죄(형법 제246조 제1항), 아동혹사죄(형법 제274조), ② 대향자 사이의 법정형이 다른 수뢰죄(형법 제129조)와 증뢰죄(형법 제133조), 배임수재죄와 배임증재죄(형법 제357조), ③ 대향자의 일부만 처벌되는 음화 등 반포 · 판매 · 임대죄(형법 제243조), 범인도피죄(형법 제151조 제1항)로 나뉜다.

(3) 공범규정의 적용문제

형법각칙은 필요적 공범의 성립요건 및 처벌을 별도로 규정하고 있고 형법총칙상의 공범규정은 임의적 공범을 대상으로 하기 때문에 공범 사이에는 그 공범규정이 적용되지 않는다. 그러나 필요적 공범의 외부에서 이에 가담하는 경우에는 임의적 공범이 되므로 형법총칙상의 공범규정이 적용된다고 해야 한다.

1) 집합범

집단 밖에서 범죄에 관여한 때에는 공동정범, 교사범 또는 종범이 성립할 수 있다. 예를 들면 소요죄의 경우에 다수인을 선동하거나 이에 필요한 자금이나 정보를 제공하는 것이 여기에 해당한다. 그러나 내란죄의 경우에는 이미 구성요건이 교사 또는 방조행위를 규정하고 있고 방조보다 넓은 의미의 선동행위도 내란죄로 처벌하고 있기 때문에 형법총칙상의 공범규정은 적용될 여지가 없다고 해야 한다.

2) 대향범

대향범에 있어서 공범규정의 적용이 문제되는 것은 대향자의 일방만이 처벌되는 경우에 처벌되지 않는 대향자에 대하여 공범규정을 적용하여 교사범이나 종범으로 처벌할 수 있는가이다. 예를 들면 음화등반포·판매·임대죄에서 판매자로부터 음화를 산 사람은 필요적 공범으로 처벌되지 않으나 총칙상의 종범으로 처벌되는가가 문제된다. 생각건대 이 규정의 취지는 필요적 공범 가운데 음화를 판매하거나 반포하거나 임대한 자만을 처벌하겠다는 것이므로 부정하는 것이 타당하다.[20]

제2절 공동정범

I. 공동정범의 의의

공동정범이란 2인 이상이 공동하여 범죄를 실행하는 경우를 말한다. 형법 제30조도 "2인 이상이 공동하여 죄를 범한 때에는 각자를 그 죄의 정범으로 처벌한다"고 규정하고 있다. 공동행위자 각자가 구성요건을 전부 실현하는 경우에는 각자를 정범으로 처벌할 수 있기 때문에 형법 제30조의 규정은 필요하지 않다. 형법 제30조는 공동행위자가 공동의 범죄계획에 따라 분업적으로 구성요건을 실현한 경우에 각자가 구성요건의 일부만을 실현하였더라도 정범으로 처벌한다는 것을 규정한 것이다. 예를 들면 A와 B가 C의 집에 들어가 재물을 절취하기로 공모하고 A는 망을 보고 B가 재

20) 같은 견해로는 김일수/서보학, 636면; 배종대, 558면.

물을 절취하였다면 비록 A의 행위는 절취행위에 해당하지 않더라도 절도죄의 정범으로 처벌한다는 것이다.

공동정범도 정범이기 때문에 각 공동행위자에게 행위지배가 있어야 한다. 공동행위자 각자는 기능적 역할분담에 의하여 구성요건을 실현하고 그 전체에 대한 책임을 지는 경우이므로 공동정범의 행위지배는 부분적인 것이 아니라 다른 공동행위자와 함께 하는 범행 전체에 대한 행위지배, 즉 공동의 행위지배를 의미한다. 이를 기능적 행위지배라고 한다.[21]

ㅁ 판례(대법원 2008. 4. 10, 2008도1274)

형법 제30조의 공동정범은 2인 이상이 공동하여 죄를 범하는 것으로서, 공동정범이 성립하기 위하여는 주관적 요건으로서 공동가공의 의사와 객관적 요건으로서 공동의사에 기한 기능적 행위지배를 통한 범죄의 실행사실이 필요하고, 공동가공의 의사는 타인의 범행을 인식하면서도 이를 제지하지 아니하고 용인하는 것만으로는 부족하고 공동의 의사로 특정한 범죄행위를 하기 위하여 일체가 되어 서로 다른 사람의 행위를 이용하여 자기의 의사를 실행에 옮기는 것을 내용으로 하는 것이어야 한다.

공동정범은 2인 이상이 분업적으로 범죄를 실행한다는 점에서 단독정범 또는 간접정범과 구별되고, 각 공동행위자에게 기능적 행위지배가 인정된다는 점에서 공범인 교사범 또는 종범과 다르다. 또 공동정범은 공동의 범행의사를 요건으로 한다는 점에서 그러한 의사가 없는 동시범과 구별된다.

II. 공동정범의 본질

형법 제30조의 "2인 이상이 공동하여"에서 공동하는 것이 무엇인지에 대해서 견해가 대립하고 있다. 범죄공동설과 행위공동설이 그것이다.

---

21) 대법원 2006. 3. 9, 2004도206; 2004. 6. 24, 2002도995; 2003. 3. 28, 2002도7477; 2001. 11. 9, 2001도4792.

1. 범죄공동설

범죄공동설은 수인이 특정한 범죄를 공동으로 실행하는 것을 공동정범으로 파악하는 견해이다. 이에 의하면 공동행위자에게는 특정한 범죄를 공동으로 실행한다는 고의의 공동이 있어야 한다. 따라서 공동정범의 성립은 고의범의 경우에만 가능하므로 과실범의 공동정범은 부정되며, 수인이 수개의 범죄를 공동으로 실행하는 경우도 공동정범이 성립하지 않는다고 한다. 예를 들면 A와 B가 공동하여 A는 C를, B는 D를 살해한 경우에 공동정범의 성립을 부정한다. 범죄공동설은 객관주의 범죄론에 입각한 이론이다.

2. 행위공동설

행위공동설은 수인이 행위를 공동으로 하여 범죄를 범하는 것을 공동정범으로 간주하는 견해이다. 즉 공동정범은 수인이 특정한 범죄를 공동으로 실행하는 것이 아니라 자연적 의미의 행위를 공동으로 하여 구성요건을 실현하는 것이라고 한다. 이에 의하면 수인이 자연적 의미의 행위를 공동으로 하는 이상 특정한 범죄에 대한 고의의 공동이 없더라도 공동정범은 성립한다고 한다. 따라서 공동행위자 각자는 서로 다른 범죄에 대한 고의를 가질 수 있으므로 고의범과 고의범, 고의범과 과실범 및 과실범의 공동정범이 성립할 수 있다고 한다. 예를 들면 살인고의를 가진 A와 상해고의를 가진 B가 상해행위를 공동으로 하여 C를 살해한 경우에 A와 B는 각각 살인기수와 상해기수의 공동정범이 된다. 행위공동설은 범죄를 반사회적 성격의 징표로 보는 주관주의 범죄론에 기초한 이론이다. 판례는 행위공동설의 입장을 취하고 있다.[22)]

---

22) 대법원 1962. 3. 29, 4294형상598.

3. 검토

범죄공동설과 행위공동설 사이의 핵심쟁점은 수개의 구성요건 사이의 공동정범, 승계적 공동정범 및 과실범의 공동정범을 인정할 수 있는가의 문제이다. 이 경우에 범죄공동설은 공동정범의 성립을 부정하는 반면, 행위공동설은 이를 인정한다. 그러나 오늘날 범죄공동설의 경우에도 수개의 구성요건 사이의 공동정범을 인정하는 견해가 있고, 행위공동설에 있어서도 승계적 공동정범이나 과실범의 공동정범은 성립하지 않는다는 견해가 있기 때문에 공동정범의 본질에 대한 두 견해의 대립은 무의미하고, 따라서 공동정범의 본질의 문제는 행위지배설, 즉 기능적 행위지배설에 의하여 해결하여야 한다는 것이 통설이다.[23]

그러나 통설인 기능적 행위지배설은 고의범에 국한되므로 과실범의 공동정범을 인정할 수 있는지를 판단하는 기준으로는 충분하다고 볼 수 없다. 따라서 공동정범은 범죄의 공동을 성립요건으로 한다고 해야 한다. 예를 들면 A와 B가 공모하여 C에 대해 폭행을 가하거나 C를 살해하는 경우에 A와 B는 폭행죄 또는 살인죄를 공동으로 실행한 것이지만 A와 B가 자동차를 타고 여행하기로 하고 A가 운전하다가 과실로 상해를 야기한 경우에 A와 B가 자동차를 함께 타는 행위는 범죄가 아니므로 과실범의 공동정범은 성립하지 않는다. 다만 여기서 범죄는 특정한 범죄일 필요는 없다고 하겠다. 또 오늘날 행위공동설[24]이 기존의 입장을 변경하여 공동정범을 자연적 의미의 행위가 아니라 구성요건적 행위를 공동으로 하여 범죄를 실행하는 것으로 해석할 경우에는 구성요건적 행위는 범죄를 의미하는 것이므로 행위공동설과 범죄공동설은 차이가 없게 된다.

23) 김일수/서보학, 592면; 배종대, 567면; 성낙현, 556면; 이재상, 458면; 이형국, 328면.
24) 임웅, 403면; 정성근/박광민, 533면.

III. 공동정범의 성립요건

공동정범은 2인 이상이 공동하여 죄를 범하는 경우로서 주관적으로는 공동의 범행의사와 객관적으로는 공동의 실행행위를 성립요건으로 한다.

1. 주관적 요건

(1) 공동의 범행의사

공동정범의 주관적 요소는 공동의 범행의사(공동의 범행결의)이다. 공동의 범행의사에 의하여 공동행위자 모두에게 각자의 분업적 실행행위를 귀속시킬 수 있게 된다. 즉 공동의 범죄의사는 분업적으로 범죄를 실행하더라도 각 공동행위자의 행위를 하나의 전체범행으로 결합시키는 기능을 한다. 공동의 범행의사란 공동의 의사로서 특정한 범죄행위를 하기 위하여 일체가 되어 서로 다른 사람의 행위를 이용하여 자기의 의사를 실행에 옮기는 것을 말한다.[25] 수인이 공동의 범행의사가 없이 범죄를 실행한 때에는 동시범이 성립할 뿐이다. 동시범의 경우에는 각자를 미수범으로 처벌한다(형법 제19조).

1) 편면적 공동정범

편면적 공동정범이란 한 공동행위자에게만 공동의 범행의사가 있는 경우를 말한다. 공동정범은 2인 이상이 특정한 범죄를 공동으로 실현하려는 공동의 범죄결의, 즉 의사의 연락을 요구하므로 편면적 공동정범은 공동정범에 해당하지 않는다.[26] 편면적 공동정범의 경우에는 종범이나 동시범이 성립할 수 있을 것이다.[27] 어느 공동행위자가 공동의 범행의사를 초과한 경우에는 초과된 부분에 대해서는 공동정범이 성립하지 않는다.[28] 예를 들면

25) 대법원 2008. 4. 10, 2008도1274; 2004. 6. 24, 2002도995; 2003. 3. 28, 2002도7477; 2001. 11. 9, 2001도4792.

26) 대법원 1985. 5. 14, 84도2118; 1987. 9. 22, 87도347; 2002. 6. 28, 2002도868; 2006. 5. 11, 2003도4320.

27) 배종대, 568면.

강도를 공동으로 실행하기로 하였으나 공범자 중 한 사람이 강간을 한 경우가 여기에 해당한다.

> **ㅁ 판례(대법원 1985. 5. 14, 84도2118)**
>
> 공동정범은 행위자 상호간에 범죄행위를 공동으로 한다는 공동가공의 의사를 가지고 범죄를 공동실행하는 경우에 성립하는 것으로서, 여기에서의 공동가공의 의사는 공동행위자 상호간에 있어야 하며 행위자 일방의 가공의사만으로는 공동정범관계가 성립할 수 없다.

2) 의사연락의 방법

상호 의사를 연락하는 방법에는 제한이 없다. 반드시 공범자 사이의 모의를 요하지 않을 뿐 아니라[29] 명시적인 것일 필요도 없으며 묵시적·암묵적인 의사연락으로도 족하다.[30] 또 의사의 연락이 직접적이든 간접적이든 묻지 않는다.[31] 따라서 공동행위자 모두가 한 자리에 모일 것을 요하지 않고 의사연락이 수인 사이에 순차적으로 이루어져도 상관없으며 공동행위자는 서로 면식이 있을 필요도 없다.

> **ㅁ 판례(대법원 2003. 1. 24, 2002도6103)**
>
> 2인 이상이 범죄에 공동 가공하는 공범관계에서 공모는 법률상 어떤 정형을 요구하는 것이 아니고 2인 이상이 공모하여 어느 범죄에 공동가공하여 그 범죄를 실현하려는 의사의 결합만 있으면 되는 것으로서, 비록 전체의 모의과정이 없었다고 하더라도 수인 사이에 순차적으로 또는 암묵적으로 상통하여 그 의사의 결합이 이루어지면 공모관계가 성립하고, 이러한 공모가 이루어진 이상 실행행위에 직접 관여하지 아니한 자라도 다른 공모자의 행위에 대하여 공동정범으로서의 형사책임을 진다.

---

28) 박상기, 379면; 배종대, 569면.
29) 대법원 1987. 9. 8, 87도1507; 2003. 1. 24, 2002도6103.
30) 대법원 1995. 9. 5, 95도1269; 2002. 6. 28. 선고 2002도868; 2003. 1. 24, 2002도6103; 2005. 9. 9, 2005도2014.
31) 대법원 1993. 7. 13. 선고 92도2832; 1994. 3. 11, 93도2305; 1997. 2. 14, 96도1959.

□ 판례(대법원 2005. 9. 9, 2005도2014)

2인 이상이 공모하여 범죄에 공동 가공하는 공범관계의 경우 공모는 법률상 어떤 정형을 요구하는 것이 아니고 공범자 상호간에 직접 또는 간접으로 범죄의 공동실행에 관한 암묵적인 의사연락이 있으면 족하고, 이에 대한 직접증거가 없더라도 정황사실과 경험법칙에 의하여 이를 인정할 수 있다.

3) 의사연락의 시기

의사의 연락은 반드시 실행행위 이전에 있어야 할 필요가 없다. 의사연락의 시기에 따라 공동정범은 다음과 같이 구별될 수 있다. 공모공동정범은 의사의 연락이 실행행위 이전에 성립한 경우, 우연적 공동정범은 의사의 연락이 실행행위 시에 성립한 경우, 승계적 공동정범은 의사의 연락이 실행행위 도중, 즉 실행에 착수한 후 실행행위가 종료되기 전에 성립한 경우를 의미한다. 승계적 공동정범의 경우에는 공동정범이 성립할 수 있는지와 실행행위 도중에 가담한 행위자의 책임을 어느 범위까지 인정할 것인지가 문제된다. 예를 들면 A가 강도의 고의로 B에 대하여 폭행을 가하고 실신시킨 후 친구 C에게 이러한 사정을 설명하고 함께 B의 재물을 강취한 경우에 선행자인 A와 후행자인 B 사이에 강도상해죄의 공동정범이 성립할 수 있는가가 그것이다.

(2) 승계적 공동정범

승계적 공동정범이 인정될 수 있는지에 대해서는 견해가 대립하고 있다. 긍정설과 부정설이 그것이다.

1) 긍정설

긍정설은 승계적 공동정범을 인정하여 후행자는 전체행위에 대한 공동정범의 책임을 져야 한다고 하는 견해이다. 그 이유로는 공동의 의사가 반드시 사전에 있을 필요가 없는 이상 실행행위 도중에 공동의 의사가 성립한 경우에도 공동정범의 성립을 긍정해야 한다는 것을 든다.

2) 부정설

부정설은 승계적 공동정범을 부정하는 입장에서 후행자가 가담한 이후의 행위에 대해서만 공동정범이 성립한다고 하는 견해이다. 그 이유로는 후행자의 의사와 선행자의 행위 사이에 인과관계가 없고 공동의 의사는 소급될 수 없으며 가담이전의 행위에 대해서는 후행자의 행위지배를 인정할 수 없다는 것을 든다. 우리나라의 다수설이다.[32]

3) 검토

① 후행자가 선행자의 행위를 인식·인용하고 가담하였다고 하더라도 공동의 범행의사를 가담 이전의 행위까지 소급할 수 없고, ② 선행자의 선행행위에 대하여 후행자의 기능적 행위지배를 인정할 수 없으며, ③ 후행자의 가담 이전에 선행자가 단독으로 행한 행위를 후행자에게 귀속시키는 것은 자기책임의 원칙에 반하기 때문에 긍정설은 옳지 않다. 따라서 후행자가 가담한 이후의 실행행위에 대해서만 공동정범을 인정하는 부정설이 타당하다고 생각한다. 판례도 부정설의 입장을 취하고 있다.[33]

□ 판례(대법원 1997. 6. 27, 97도163)

포괄일죄의 범행 도중에 공동정범으로 범행에 가담한 자는 비록 그가 그 범행에 가담할 때에 이미 이루어진 종전의 범행을 알았다 하더라도 그 가담 이후의 범행에 대하여만 공동정범으로 책임을 진다.

□ 판례(대법원 1982. 6. 8, 82도884)

연속된 히로뽕 제조행위 도중에 공동정범으로 범행에 가담한 자는 비록 그가 그 범행에 가담할 때에 이미 이루어진 종전의 범행을 알았다 하더라도 그 가담

---

32) 김성천/김형준, 509면; 김일수/서보학, 597면; 박상기, 389면; 배종대, 574면; 오영근, 641면; 이재상, 463면; 이형국, 333면; 임웅, 406면; 정성근/박광민, 538면.

33) 대법원 1997. 6. 27, 97도16; 1982. 6. 8, 82도884; 2007. 11. 15, 2007도6336.

이후의 범행에 대하여만 공동정범으로 책임을 지는 것이라고 할 것이니, 비록 이 사건에서 공소 외 1의 위 제조행위 전체가 포괄하여 하나의 죄가 된다 할지라도 피고인에게 그 가담 이전의 제조행위에 대하여 까지 유죄를 인정할 수는 없다고 할 것이다.

(3) 과실범의 공동정범

1) 과실범의 공동정범의 의의

과실범의 공동정범은 2인 이상의 공동과실로 인하여 구성요건적 결과를 발생시킨 경우를 의미한다. 여기서 문제되는 것은 과실범의 공동정범을 인정할 것인가 하는 것이다. 예를 들면 운전하는 A가 B의 동의 아래 과속하다가 사람을 치여 사망에 이르게 한 경우 또는 A와 B가 공동으로 무거운 물건을 창문 밖으로 던지다가 지나가던 행인에게 상해를 가한 경우에 A와 B 사이에 과실범의 공동정범이 성립하는가의 문제가 그것이다.

2) 견해의 대립

(가) 긍정설

긍정설은 과실범의 공동정범을 인정하는 견해이다. 그 근거에 대해서는 견해가 대립하고 있다.

(i) 행위공동설

행위공동설은 공동정범은 특정한 범죄가 아니라 자연적 의미의 행위를 공동의 대상으로 하므로 과실범의 공동정범이 성립한다는 견해이다. 판례도 행위공동설의 입장을 취하고 있다.[34] 그러나 행위공동설에 대해서는 형법적으로 무의미한 행위의 공동을 공동정범의 성립근거로 삼을 수 없고,[35] 행위공동설의 입장을 취한다고 하여 반드시 과실범의 공동정범을 인정해야

34) 대법원 1997. 11. 28, 97도1740; 1996. 8. 23, 96도1231; 1994. 5. 24, 94도660; 1982. 6. 8, 82도781; 1979. 8. 21, 79도1249.
35) 김일수/서보학, 606면; 배종대, 577면; 이재상, 464면.

하는 것도 아니며,[36] 과실행위는 평가개념이므로 과실행위에서 공동이란 있을 수 없다[37]는 비판이 가해진다.

ㅁ 판례(대법원 1979. 8. 21, 79도1249)

운전병이 운전하던 짚차의 선임 탑승자는 이 운전병의 안전운행을 감독하여야 할 책임이 있는데 오히려 운전병을 데리고 주점에 들어가서 같이 음주한 다음 운전케 한 결과 위 운전병이 음주로 인하여 취한 탓으로 사고가 발생한 경우에는 위의 선임 탑승자에게도 과실범의 공동정범이 성립한다.

ㅁ 판례(대법원 1997. 11. 28, 97도1740)

성수대교와 같은 교량이 그 수명을 유지하기 위하여는 건설업자의 완벽한 시공, 감독공무원들의 철저한 제작시공 상의 감독 및 유지·관리를 담당하고 있는 공무원들의 철저한 유지·관리라는 조건이 합치되어야 하는 것이므로, 위 각 단계에서의 과실 그것만으로 붕괴원인이 되지 못한다고 하더라도, 그것이 합쳐지면 교량이 붕괴될 수 있다는 점은 쉽게 예상할 수 있고, 따라서 위 각 단계에 관여한 자는 전혀 과실이 없다거나 과실이 있다고 하여도 교량붕괴의 원인이 되지 않았다는 등의 특별한 사정이 있는 경우를 제외하고는 붕괴에 대한 공동책임을 면할 수 없다고 봄이 상당하다 할 것이다.

(ii) 공동행위주체설

공동행위주체설은 공동의 행위의사로 공동행위주체가 성립하여 실행행위를 분담하는 이상 과실에 의해 결과를 낸 때에도 공동정범이 성립한다고 하는 견해이다.[38] 그러나 공동행위주체설에 대해서는 공동행위주체라는 범죄주체를 상정하는 때에는 단체책임을 인정할 위험이 있기 때문에 책임원칙에 반하고,[39] 형법적으로 무의미한 행위에 대한 의사의 공동은 공동행위주체의 성립근거가 될 수 없다[40]는 비판이 가해진다.

---

36) 임웅, 408면.
37) 배종대, 577면.
38) 유기천, 288면.
39) 임웅, 408면.

(iii) 기능적 행위지배설

기능적 행위지배설은 과실범에서도 기능적 행위지배가 인정되는 때에는 공동정범이 성립할 수 있다고 하는 견해이다.[41] 그러나 기능적 행위지배설에 대해서는 기능적 행위지배는 공동의 범죄계획에 따라 분업적으로 범죄를 실행하는 고의범에 대해서만 인정되는 개념이므로 과실범에서는 기능적 행위지배가 불가능하다는 비판이 가해진다.

(iv) 과실공동 · 행위공동설

과실공동 · 행위공동설은 과실범의 공동정범에서는 의사의 연락은 필요가 없고, 과실범의 구성요건인 주의위무위반과 구성요건을 실현하는 행위의 공동이 있으면 공동정범이 성립한다는 견해이다.[42] 그러나 과실공동 · 행위공동설은 행위의 공동을 구성요건의 실현행위로 이해하게 되면 사실상 범죄공동설에서 말하는 범죄의 공동이 되어버리고,[43] 고의범의 공동정범과 과실범의 공동정범으로 이원화한 것은 문제[44]라는 비판을 받는다.

(나) 부정설

부정설은 과실범의 공동정범을 인정하지 않는 견해이다. 그 근거에 대해서는 견해가 대립하고 있다.

(i) 범죄공동설

범죄공동설은 공동정범은 특정한 범죄의 공동을 전제로 하므로 동일한 고의범에 대해서만 공동정범이 성립할 수 있고, 따라서 과실범의 공동정범은 인정할 수 없다는 견해이다.[45] 범죄공동설에 대해서는 공동정범의 성립범위를 좁게 해석하는 것은 부당하고, 공동정범의 본질을 잘못 이해하고 있다는 비판이 제기된다.[46]

---

40) 배종대, 578면.
41) 김일수/서보학, 613면.
42) 이재상, 467면; 정성근/박광민, 556면.
43) 김일수/서보학, 607면.
44) 박상기, 394면.
45) 신동운, 555면.
46) 배종대, 579면; 임웅, 409면.

(ii) 목적적 행위지배설

목적적 행위지배설은 공동정범은 정범으로서 범죄의사와 목적적 행위지배를 성립요건으로 하므로 과실범의 공동정범은 인정될 수 없다는 견해이다. 그러나 목적적 행위지배설은 정범요소는 주관적 요소와 객관적 요소의 결합에 의하여 파악해야 하므로 이를 고의에 치중하여 해석함으로써 목적적 행위지배가 없다는 이유로 공동정범의 성립을 부정하는 것은 부당하다는 비판을 받는다.[47]

(iii) 기능적 행위지배설

기능적 행위지배설은 기능적 행위지배가 인정되는 공동정범은 공동의 범죄결의에 따라 기능적 역할분담이 있어야 성립하므로 공동의 범죄결의와 기능적 역할분담이 없는 과실범에서는 공동정범이 성립할 수 없다는 견해이다[48]. 공동의 과실로 결과를 발생시킨 때에는 각자를 동시범으로 처리하여야 한다고 한다.

(다) 검토

과실범의 공동정범을 인정하지 않는 부정설이 타당하다고 생각한다. 그 이유는 다음과 같다. ① 공동행위자가 구성요건을 실현하지 않더라도 공동정범이 인정되는 것은 공동의 범행의사에 따라 범죄의 실현을 위해 필수적인 역할을 수행하였기 때문이다. 즉 공범자에게 기능적 행위지배를 인정할 수 있기 때문이다. 그러나 과실범의 경우에는 형법적으로 무의미한 행위에 대한 공동의사가 있을 뿐이고, 공동의 범행의사는 없다. ② 과실행위를 교사하더라도 공범인 교사범은 성립하지 않다. 그럼에도 불구하고 주의의무위반의 공동이 있다고 하여 과실범의 공동정범을 인정하는 것은 부당하다. ③ 과실범의 구성요건은 주의의무위반과 구성요건적 결과발생 및 인과관계이므로 공동의 주의의무위반과 결과발생 사이에 인과관계가 인정되지 않는 때에는 과실범이 성립할 수 없다.

---

47) 이재상, 466면.
48) 벅상기, 395면; 배종대, 580면; 신동운, 583면; 오영근, 636면; 이정원, 344면; 이형국, 331면; 임웅, 410면.

2. 객관적 요건

(1) 공동의 실행행위(공동가공의 사실)

공동정범이 성립하기 위해서는 주관적 요건인 공동의 범행의사 이외에 객관적으로 공동의 실행행위가 있어야 한다. 공동의 범행의사가 있더라도 공동의 실행행위가 없는 때에는 공동정범이 성립하지 않는다. 공동의 실행행위가 성립하였는가 여부는 공동의 범행의사에 따라 범죄를 실현하는데 필수적인 역할을 분담하였는가를 기준으로 결정되어야 한다. 공동의 실행행위는 구성요건의 일부 또는 전부를 실현하는 행위뿐 아니라 실행행위를 지원 또는 준비하는 행위도 포함한다. 예를 들면 망을 보는 행위, 문을 열어주는 행위, 자동차로 다른 공동행위자를 범행장소에 데려다 주는 행위, 강취하거나 절취한 재물을 운반하거나 처분하는 행위, 다른 공동행위자를 도피시키기 위해 자동차를 대기하는 행위, 범행도구를 준비하는 행위, 범행에 필요한 정보를 알려주는 행위 등도 공동의 실행행위에 해당한다. 기능적 행위지배가 인정되는 한 역할분담은 반드시 범행장소에서 이루어질 필요가 없다. 따라서 범죄계획을 세우고 범행을 지휘·통솔한 범죄단체의 두목은 범행장소에 없었더라도 공동정범이 성립한다. 범죄계획을 세우고 그 실현을 지휘하는 것도 범죄계획의 실현에 필수적인 역할분담이 되므로 범죄단체의 수괴에게도 기능적 행위지배를 인정할 수 있기 때문이다.

(2) 공모공동정범

1) 공모공동정범의 의의

공모공동정범이란 2인 이상이 범죄를 공모하고 공모자 중 일부가 공모에 따라 실행행위를 한 때에는 실행행위를 분담하지 않은 공모자도 공동정범이 된다고 하는 이론을 말한다. 즉 공모공동정범은 범죄의 공모에는 가담하였으나 공동의 실행행위가 없는 경우라고 할 수 있다. 공모공동정범의 경우에는 공동정범의 성립요건 중에서 객관적 요건이 구비되지 않으므로 이를 인정할 것인가를 두고 논란을 벌여왔다. 공모공동정범은 일본판례에 의하여 공모에만 가담하고 실행행위를 직접 담당하지 않는 조직범죄의 우두머리를 공동정범으로 처벌하기 위해 인정되었고 지능범 및 실력범에 대해서도 적용되어 왔으며 현재에도 인정되고 있다. 대법원 판례도 공모공동정범을 일관하여 인정하고 있다.[49]

ㅁ 판례(대법원 2009. 2. 12, 2008도6551)

형법 제30조의 공동정범은 공동가공의 의사와 그 공동의사에 기한 기능적 행위지배를 통한 범죄실행이라는 주관적·객관적 요건을 충족함으로써 성립하는바, 공모자 중 일부가 구성요건적 행위 중 일부를 직접 분담하여 실행하지 않은 경우라 할지라도 전체 범죄에 있어서 그가 차지하는 지위, 역할이나 범죄 경과에 대한 지배 내지 장악력 등을 종합해 볼 때, 단순한 공모자에 그치는 것이 아니라 범죄에 대한 본질적 기여를 통한 기능적 행위지배가 존재하는 것으로 인정된다면, 이른바 공모공동정범으로서의 죄책을 면할 수 없는 것이다.

2) 견해의 대립

공모공동정범을 인정할 것인가에 대해서는 견해가 긍정설과 부정설이 대립하고 있다.

(가) 긍정설

긍정설은 공모공동정범을 인정하는 견해이다. 긍정설은 그 이유에 따라 다음과 같이 나누어진다.

(ⅰ) 공동의사주체설

공동의사주체설은 2인 이상이 범죄공모에 의하여 일심동체를 이루면 모든 공모자는 공동의사주체가 되고 그 중 일부가 범죄를 실행하더라도 그 실행행위는 공동의사주체의 행위가 되므로 실행행위를 분담하지 않은 다른

---

49) 대법원 1955. 6. 24, 4288형상145; 1967. 9. 19, 67도1027; 1980. 5. 27, 80도907; 1990. 9. 11, 90도1639; 2001. 6. 29, 2001도1319; 2004. 8. 30, 2004도3212; 2006. 6. 23, 2005도8645; 2007. 7. 27, 2007도4378; 2008. 4. 24, 2007도11258; 2009. 2. 12, 2008도6551.

공모자도 공동정범이 된다고 한다. 공동의사주체설은 판례가 취하는 입장이다.[50] 공동의사주체설에 대해서는 ① 공모자 중 한 사람의 실행행위에 종속하여 다른 공모자도 공동정범이 된다고 하는 것은 공동정범의 본질에 반하고, ② 실행행위를 분담하지 않은 공모자에게 다른 공모자의 실행행위가 있다는 것을 이유로 공동정범으로서의 책임을 인정하는 것은 개인책임의 원칙에 반한다는 비판이 가해진다.[51]

□ 판례(대법원 1983. 3. 8, 82도3248)

공모공동정범은 공동범행의 인식으로 범죄를 실행하는 것으로 공동의사주체로서의 집단 전체의 하나의 범죄행위의 실행이 있음으로써 성립하고 공모자 모두가 그 실행행위를 분담하여 이를 실행할 필요가 없고 실행행위를 분담하지 않아도 공모에 의하여 수인 간에 공동의사주체가 형성되어 범죄의 실행행위가 있으면 실행행위를 분담하지 않았다고 하더라도 공동의 사주체로서 정범의 죄책을 면할 수 없다.

(ii) 간접정범유사설

간접정범유사설은 공모공동정범은 타인을 도구로 이용하여 죄를 범하는 간접정범과 유사한 정범성을 가지고 있으므로 공동정범이 된다는 견해이다. 즉 단순한 공모자도 타인과 공모하고 타인의 행위를 이용하여 자신의 범죄를 실행하였으므로 공동정범으로 볼 수 있다고 한다. 간접정범유사설의 입장을 취하는 판례도 있다.[52]

간접정범유사설은 ① 단순한 공모를 간접정범의 이용행위와 유사한 것으로 볼 수 없고, ② 공동정범을 간접정범과 유사하다고 할 경우에는 간접정범의 착수시기는 이용행위 시이므로 공모공동정범의 착수시기도 공모 시로 해야 하는 부당한 결과가 된다는 비판을 받는다.[53]

---

50) 대법원 1983. 3. 8, 82도3248; 1983. 10. 11, 83도1942.
51) 김일수/서보학, 601면; 배종대, 587면; 이재상, 471면 이하.
52) 대법원 1994. 10. 11. 선고 94도1832; 1996. 3. 8. 선고 95도2930.
53) 이재상, 473면.

ㅁ 판례(대법원 1988. 4. 12, 87도2368)

공모공동정범이 성립되려면 두 사람 이상이 공동의 의사로 특정한 범죄행위를 하기 위하여 일체가 되어 서로가 다른 사람의 행위를 이용하여 각자 자기의 의사를 실행에 옮기는 것을 내용으로 하는 모의를 하여 그에 따라 범죄를 실행한 사실이 인정되어야 하고, 이와 같이 공모에 참여한 사실이 인정되는 이상 직접 실행행위에 관여하지 안했더라도 다른 사람의 행위를 자기의사의 수단으로 하여 범죄를 하였다는 점에서 자기가 직접 실행행위를 분담한 경우와 형사책임의 성립에 차이를 둘 이유가 없다.

(iii) 적극이용설

적극이용설은 공모자의 이용행위가 실행행위와 동등한 가치를 가지는 적극적 이용행위가 있을 때에만 공모공동정범이 인정된다고 하는 견해이다.

적극적 이용설에 대해서는 ① 적극적 이용행위와 단순한 이용행위는 정도의 차이가 있을 뿐이므로 이를 정범의 요소로 보는 것은 부당하고, ② 적극이용설은 간접정범유사설을 변경한 이론이므로 간접정범유사설에 대한 비판이 여기에도 그대로 적용된다는 비판이 가해진다.

(나) 부정설

부정설은 형법 제30조에 의하면 공동정범은 공동의 실행행위를 성립요건으로 하므로 실행행위의 분담이 없는 공모공동정범은 인정할 수 없고, 공모자는 모의에 가담한 정도에 따라 교사범 또는 공범의 책임을 지는 것으로 족하다는 견해이다. 이 견해가 우리나라 다수설이다.[54]

부정설에 대해서는 집단의 배후에서 범행을 지휘하거나 중요한 역할을 하는 우두머리를 정범으로 처벌할 수 없어 조직범죄 또는 공동범죄에 효율적으로 대처할 수 없고, 공모공동정범이론은 판례에 의하여 확고하게 확립된 법원리로서 판례변경을 기대할 수 없다는 비판이 제기된다.[55]

---

54) 김성천/김형준, 506면; 김일수/서보학, 603면; 박상기, 393면; 배종대, 589면; 손동권, 438면; 오영근, 644면; 유기천, 288면; 이정원, 352면; 이형국, 338면; 임웅, 414면; 정성근/박광민, 551면.
55) 이재상, 474면.

(다) 검토

형법 제30조에 의하면 공동정범은 공동의 실행행위를 성립요건으로 하고 있고, 단순한 공모자를 공동정범을 처벌하는 경우에는 기능적 행위지배를 인정할 수 있는 정도의 행위기여를 하지 않은 교사범이나 종범까지도 정범에 포함시킬 수 있기 때문에 실행행위를 분담하지 않는 공모공동정범은 인정할 수 없다고 해야 한다. 배후에서 범행을 계획하고 지휘한 조직범죄의 수괴나 간부는 기능적 행위지배를 인정할 정도로 공동의 범죄계획을 실현하는데 필수적인 역할을 분담하였을 때에는 공동정범으로 처벌할 수 있다. 그러한 행위기여가 없는 공모자는 교사범이나 종범이 될 수 있을 뿐이다. 따라서 부정설이 타당하다고 생각한다. 최근의 일부판례가 공모공동정범이 성립하기 위해서는 단순한 공모자에 그치는 것이 아니라 본질적인 기여를 통한 기능적 행위지배가 있어야 한다고 판시함으로써 기존의 입장을 변경하는 경향이 나타나고 있다.[56] 그러나 여전히 단순한 공모만으로도 공모공동정범을 인정하는 판례도 보인다.[57]

ㅁ 판례(대법원 2010. 7. 15, 2010도3544)

형법 제30조의 공동정범은 공동가공의 의사와 그 공동의사에 의한 기능적 행위지배를 통한 범죄실행이라는 주관적·객관적 요건을 충족함으로써 성립하므로, 공모자 중 구성요건행위를 직접 분담하여 실행하지 아니한 사람도 위 요건의 충족 여부에 따라 이른바 공모공동정범으로서의 죄책을 질 수도 있다. 한편 구성요건행위를 직접 분담하여 실행하지 아니한 공모자가 공모공동정범으로 인정되기 위하여는 전체 범죄에 있어서 그가 차지하는 지위·역할이나 범죄경과에 대한 지배 내지 장악력 등을 종합하여 그가 단순한 공모자에 그치는 것이 아니라 범죄에 대한 본질적 기여를 통한 기능적 행위지배가 존재하는 것으로 인정되어야 한다.

---

56) 대법원 2007. 4. 26, 2007도235; 2007. 4. 27, 2007도235; 2010. 7. 15, 2010도3544; 2011. 9. 29, 2009도2821; 2011. 7. 14, 2011도3180.

57) 대법원 2010. 4. 29, 2009도13868; 2010. 10. 14. 선고 2010도387.

IV. 공동정범의 처벌

형법은 공동정범 각자를 그 죄의 정범으로 처벌한다(형법 제30조). 이는 공동행위자 각자는 구성요건의 전부를 실현하지 않은 경우에도 공동의 실행행위로 인하여 발생한 결과에 대하여 정범으로 처벌된다는 것을 의미한다. 예를 들면 A와 B가 강도를 공모하고 A는 피해자를 폭행하고 B는 금품을 강취한 경우에도 A와 B는 특수강도죄의 정범으로 처벌된다.

공동정범의 성립범위는 공동의사의 범위에 일치한다. 따라서 공모자 중 1인이 공동의사의 범위를 초과한 때에는 그 초과부분에 대해서는 공동정범이 아니라 단독정범이 성립한다.[58] 초과부분에 대하여 고의가 없는 공동행위자의 과실이 인정되는 때에는 그는 결과적 가중범으로 처벌될 수 있다. 그러나 판례는 강도죄의 공동정범 중 1인이 상해를 가한 경우 상해를 공모하지 않은 다른 공동정범도 강도상해죄의 공동정범으로 처벌된다고 판시한다.[59]

V. 관련문제

1. 공동정범과 신분

공동정범도 정범이므로 진정신분범의 경우에는 각자는 신분자이어야 한다. 그러나 형법 제33조는 "신분관계로 인하여 성립될 범죄에 가공한 행위는 신분관계가 없는 경우에도 전 3조의 규정을 적용한다"고 규정하고 있으므로 비신분자는 단독으로는 진정신분범의 정범이 될 수 없지만 신분자와 공동으로 하는 경우에는 신분범의 공동정범이 될 수 있다. 예를 들면 공무원이 아닌 자도 공무원과 공동하여 수뢰죄를 범할 수 있다. 그러나 신분관계로 형의 경중이 있는 때에는 중한 형으로 처벌되지 않는다(형법 제33조 단서). 따라서 책임조각사유나 형면제사유는 그 사유가 있는 공동정범에게만

58) 김일수/서보학, 595면; 배종대, 593면; 이재상, 478면.
59) 대법원 1998. 4. 14, 98도356.

적용된다. 예를 들면 친구와 함께 자기 아버지의 물건을 절취한 자는 형이 면제되지만 공동행위자인 친구는 절도죄의 책임을 진다.

2. 공모관계에서의 이탈

범죄를 공모하였으나 범죄가 기수에 이르기 전에 공모관계에서 이탈한 경우에 공동정범이 성립하는지가 문제된다. 공모관계의 이탈은 다른 공모자가 실행의 착수 이전에 이탈한 경우와 실행의 착수 이후에 이탈한 경우로 나누어진다.

(1) 실행의 착수 이전에 이탈한 경우

이 경우도 공모도중에 이탈한 경우와 공모가 끝난 후 이탈한 경우로 나누어 전자의 경우에는 예비의 중지가 되므로 예비의 형이 중지미수의 형보다 중할 때에 한하여 중지미수의 규정을 준용하고, 후자의 경우는 공모공동정범과 같지만 공모공동정범은 인정되지 않으므로 기능적 행위지배설에 따라 이탈한 자를 공동정범이 아니라 예비 · 음모로 처벌해야 한다는 견해가 있다.[60] 그러니 예비의 미수는 없으므로 공모도중에 이탈한 공모자는 처벌되지 않는다고 해야 한다. 또 공모가 끝난 후에 이탈한 경우에는 예비의 중지가 문제되는데, 예비의 중지도 공모한 범죄를 완전히 포기한 것을 의미하므로 처벌되지 않는다고 해야 한다. 판례는 공모자 중 1인이 다른 공모자가 범행에 이르기 전에 공모관계에서 이탈한 때에는 이탈한 이후의 행위에 대해서는 공동정범으로서의 책임을 지지 않는다고 판시한다.[61] 그러나 이 경우에도 공모자가 공모에 주도적으로 참여하여 다른 공모자의 실행에 영향을 미친 때에는 범행을 저지하기 위하여 적극적으로 노력하여 실행에 대한 영향력을 제거하여야 공동정범이 성립하지 않는다고 판시한다.[62]

---

60) 배종대, 594면 이하; 성낙현, 567면 이하; 임웅, 416면.
61) 대법원 1996. 1. 26, 94도2654; 1995. 7. 11, 95도955; 1986. 1. 21, 85도2371.
62) 대법원 2010. 9. 9, 2010도6924; 2008. 4. 10, 2008도1274.

□ 판례(대법원 2008. 4. 10, 2008도1274)

공모공동정범에 있어서 공모자 중의 1인이 다른 공모자가 실행행위에 이르기 전에 그 공모관계에서 이탈한 때에는 그 이후의 다른 공모자의 행위에 관하여는 공동정범으로서의 책임은 지지 않는다 할 것이나, 공모관계에서의 이탈은 공모자가 공모에 의하여 담당한 기능적 행위지배를 해소하는 것이 필요하므로 공모자가 공모에 주도적으로 참여하여 다른 공모자의 실행에 영향을 미친 때에는 범행을 저지하기 위하여 적극적으로 노력하는 등 실행에 미친 영향력을 제거하지 아니하는 한 공모관계에서 이탈하였다고 할 수 없다.

(2) 실행의 착수 이후에 이탈한 경우

어느 한 공모자가 실행에 착수한 이후에 이탈한 경우는 공동정범의 중지미수에 해당한다. 공동정범의 중지미수는 공모관계에서의 이탈만으로는 안되고 이탈한 자가 자의로 실행행위로 인한 결과의 발생을 방지하거나 공동정범 모두에게 실행행위를 중지시켜야 성립한다.

3. 공동정범과 착오

공동정범의 착오는 사실의 착오와 같다. 따라서 이에 대해서는 사실의 착오이론이 적용된다. 공범자 중 1인에게 동일한 구성요건의 객체에 대한 착오가 있는 경우에 다른 공동정범의 고의는 조각되지 않는다.

제 3 절 간접정범

I. 간접정범의 의의와 본질

1. 간접정범의 의의

간접정범이란 타인을 도구로 이용하여 범죄를 실현하는 경우를 말한다. 예를 들면 정신병자를 교사하여 사람을 살해하게 하는 경우 또는 타인을 폭행 또는 협박으로 강요하여 절도죄를 범하게 하는 경우가 간접정범에 해당한다. 간접정범은 직접 구성요건을 실현하는 직접정범과 구별된다. 직접정범은 실행지배가 있지만, 간접정범은 우월한 의사에 의하여 피이용자의 행위를 지배하고 이를 이용하여 자신이 의도한 범죄를 실현하는 경우이다. 간접정범에서 의사지배는 범죄의 실현이 이용자의 조종의사의 작품으로 간주되고 이용자가 피이용자에게 영향을 미쳐 그를 장악하는 것을 전제로 한다.

형법 제34조는 "처벌되지 않거나 과실범으로 처벌되는 자를 교사 또는 방조하여 범죄행위의 결과를 발생케 한 자는 교사 또는 방조의 예에 의하여 처벌한다"고 규정하고 있다.

2. 간접정범의 본질

간접정범은 타인을 통하여 범죄를 실현한다는 점에서 외관상 교사범과 유사하다. 또한 형법이 간접정범을 교사 또는 방조의 예에 의하여 처벌한다고 규정함으로써 간접정범이 정범인지 또는 공범인지가 논란의 대상이 되고 있다. 이에 대해서는 정범설과 공범설이 대립하고 있다.

(1) 정범설

정범설은 간접정범을 정범으로 보는 견해이다.[63] 정범설은 그 근거에 따라 확장적 정범개념과 행위지배설로 나뉜다.

확장적 정범개념은 구성요건의 실현에 인과적으로 기여한 자는 모두 정범이라고 한다. 형법상의 공범규정은 형벌축소사유이므로 간접정범은 당연히 정범에 해당한다. 행위지배설은 행위를 지배하고 행위사태를 장악하여 범죄를 실현할 것인지 그리고 어떤 방법으로 실행할 것인지를 결정할 권위를 가진 자가 정범이라고 한다. 즉 구성요건을 실현할 때 사건의 핵심인물로 간주되는 자가 정범임에 반하여, 독자적인 행위지배 없이 단지 범죄를 야기·촉진하는 자는 공범이 된다고 한다. 간접정범에서는 이용자가 피용자를 도구로 이용하여 사건을 간접적으로 지배함으로써 전체사건은 이용자의 조종의사의 작품이 되어 이용자가 실행행위를 장악하게 된다. 여기서 행위지배는 오직 이용자의 조종의사의 힘에 근거하므로 그것은 의사지배가 된다. 이 의사지배로 인하여 간접정범의 정범성이 인정된다고 한다. 정범설이 통설이다.

(2) 공범설

공범설은 간접정범을 공범으로 보는 견해이다.[64] 그 이유로 ① 형법 제34조 제1항이 간접정범의 행위로 "어느 행위로 처벌되지 않는 자 또는 과실범으로 처벌되는 자에 대한 교사 또는 방조를 규정하고 있을 뿐 아니라 그 법적 효과에 대해서도 교사 또는 방조의 예에 의한다"고 하고 있다는 점, ② 형법이 간접정범을 공동정범, 교사범 및 종범 뒤에 규정하고 있는 것을 체계적으로 해석해 보면 간접정범은 피이용자의 행위가 정범이 되지 않는 경우에 배후자의 행위를 협의의 공범으로 처벌할 수 없는 경우를 보완하기 위해 발생된 개념이라는 점, ③ 형법 제34조 제1항은 이용자의 교사·방조행위 이외에 피이용자의 행위로 인한 범죄행위의 결과발생이라는 요건을 추가함으로써 처벌범위의 지나친 확대를 방지하고 있다는 점 및 ④ 입법자도 신분자가 비신분자를 이용하여 죄를 범하는 경우를 공범에 포함시키고 있다는 점을 든다.

---

63) 김성천/김형준, 516면; 김일수/서보학,576면; 박상기, 406면; 배종대, 618면; 이재상, 437면; 이정원, 321면; 임웅, 428면; 정성근/박광민, 508면.

64) 신동운, 644면; 차용석, 형사법강좌 II, 702면.

(3) 검토

공범설에 대해서는 ① 간접정범이 정범인가 또는 공범인가 여부는 정범으로 처벌되는지 또는 공범으로 처벌되는지에 따라 결정되는 것이 아니라 간접정범의 본질에 의하여 결정되어야 하고, ② 형법 제34조의 표제가 간접정범으로 되어 있는 것에 일치하지 않으며, ③ 형법이 간접정범의 행위를 교사 또는 방조로 규정한 것은 이용행위의 형태를 분류한 것에 지나지 않고, ④ 간접정범이 정범인가 또는 공범인가는 간접정범이 정범의 개념요소를 가지고 있는지, 즉 이용자에게 행위지배가 있는지에 의하여 결정되어야 한다는 비판이 제기된다.[65] 따라서 간접정범은 의사지배가 있으므로 정범이라는 정범설이 타당하다고 본다.

II. 간접정범의 성립요건

간접정범이 성립하기 위해서는 어느 행위로 처벌되지 않는 자 또는 과실범으로 처벌되는 자를 교사 또는 방조하여 범죄행위의 결과를 발생케 하여야 한다.

1. 피이용자의 범위

(1) 어느 행위로 처벌되지 않는 자

어느 행위로 인하여 처벌되지 않는 자란 행위가 구성요건에 해당하지 않거나 위법하지 않거나 책임이 없기 때문에 범죄가 성립하지 않는 경우를 말한다. 따라서 구성요건에 해당하지 않는 경우, 구성요건에 해당하지만 위법하지 않은 경우, 구성요건에 해당하고 위법하지만 책임이 없는 경우로 나누어 서술하기로 한다.

65) 박상기, 406면; 배종대, 618면; 이재상, 437면; 임웅, 428면.

1) 구성요건에 해당하지 않는 행위를 이용하는 경우

(가) 객관적 구성요건에 해당하지 않는 행위

피이용자의 행위가 객관적 구성요건에 해당하지 않는 경우에 간접정범이 성립한다. 예를 들면 피이용자를 강요 또는 기망하여 자살하게 하거나 자상하게 한 경우가 여기에 해당한다. 형법은 자살행위나 자상행위를 처벌하는 규정을 두고 있지 않으므로 간접정범이 성립한다. 이 경우에 이용자는 기망이나 강요에 의하여 피이용자를 도구로 이용하였으므로 우월한 의사에 의한 행위지배가 있다. 그러나 이용자의 강요 또는 기망에 의하여 자살한 경우는 살인죄의 간접정범이지만, 형법 제253조의 위계 또는 위력에 의한 살인죄가 적용된다.

(나) 고의 없는 도구

이용자가 고의 없는 피이용자를 이용한 때에는 이용자는 간접정범이 된다. 예를 들면 이용자가 고의 없는 타인을 이용하여 타인의 재물을 절취하는 경우, 의사가 정을 모르는 간호사에게 독약을 진통제라고 속이고 환자에게 독약을 주사하게 하여 그를 살해한 경우, 타인을 비방할 목적으로 허위의 기사 재료를 그 정을 모르는 기자에게 제공하여 신문 등에 보도되게 한 경우[66]가 여기에 해당한다. 구성요건착오로 인하여 고의 없는 피이용자를 이용한 때에도 마찬가지이다. 피이용자에게 과실이 있는 때에도 이용자는 간접정범이 된다. 형법은 과실범으로 처벌되는 자를 이용한 때에도 간접정범이 성립한다고 규정하고 있기 때문이다(형법 제34조).

□ 판례(대법원 1996. 10. 11, 95도1706)

경찰서 보안과장인 피고인이 갑의 음주운전을 눈감아주기 위하여 그에 대한 음주운전자 적발보고서를 찢어버리고; 부하로 하여금 일련번호가 동일한 가짜 음주운전 적발보고서에 을에 대한 음주운전 사실을 기재케 하여 그 정

66) 대법원 2002. 6. 28, 2000도304.

을 모르는 담당 경찰관으로 하여금 주취운전자 음주측정처리부에 을에 대한 음주운전 사실을 기재하도록 한 이상, 을이 음주운전으로 인하여 처벌을 받았는지 여부와는 관계없이 허위공문서작성 및 동 행사죄의 간접정범으로서의 죄책을 면할 수 없다.

(다) 목적 또는 신분 없는 고의 있는 도구

신분자가 고의 있는 비신분자를 이용하여 진정신분범을 범한 경우와 목적 있는 자가 목적 없는 고의 있는 자를 이용하여 목적범을 범한 경우에 간접정범이 성립하는지에 대해서는 견해가 대립하고 있다. 이 경우에 간접정범이 성립한다고 하는 견해가 우리나라 다수설이다.[67] 그 이유로는 ① 피이용자의 행위가 구성요건에 해당하지 않으므로 이용자를 공범으로 처벌할 수 없고, ② 이용자가 정범의 표지를 가지고 있으며, ③ 범규범의 명령과 금지는 신분 있는 자에게만 과하여 지는 것이므로 이러한 경우에 행위지배는 규범적으로 파악하여야 하고, ④ 신분 또는 목적 있는 자의 관여 없이는 범죄가 성립하지 않으므로 규범적 · 심리적 행위지배 또는 사회적 행위지배가 인정된다는 것을 든다.[68] 판례도 간접정범설을 취하고 있다.[69] 이에 대하여 소수설인 교사범설은 진정신분범 또는 목적범에 있어서 신분 없는 자 또는 목적 없는 자의 행위를 이용하는 경우에 의사지배가 없으므로 이용자는 교사범, 피이용자는 형법 제33조에 의하여 종범이 된다고 한다.[70] 그 이유로 ① 피이용자는 신분이나 목적은 없으나 고의가 있으므로 피이용자의 도구적 성격이 매우 희박하여 의사지배를 인정하기 어렵고, ② 행위지배는 규범적 · 심리적 지배가 아니라 행위과정에 대한 객관적 사

67) 김성천/김형준, 521면; 배종대, 620면; 손동권, 407면; 신동운, 649면; 오영근, 628면; 이재상, 441면; 이형국, 297면; 정성근/박광민, 512면; 조준현, 332면.

68) 배종대, 620면; 이재상, 440면; 정성근/박광민, 512면; Blei, S.527; Jescheck/Weigend, S.670; Welzel, S.104.

69) 대법원 1997. 4. 17, 96도3376; 2002. 6. 28, 200도3045, "출판물에 의한 명예훼손죄는 간접정범에 의하여 범하여질 수도 있으므로 타인을 비방할 목적으로 허위의 기사 재료를 그 정을 모르는 기자에게 제공하여 신문 등에 보도되게 한 경우에도 성립할 수 있다."

70) 박상기, 414-415면; 임웅, 434면.

실적 지배가 있어야 하므로 고의가 있는 행위자에 대하여 이용자의 행위지배를 인정할 수 없다는 것을 든다.

□ 판례(대법원 1997. 4. 17, 96도3376)

피고인들은 12·12군사반란으로 군의 지휘권을 장악한 후, 국정 전반에 영향력을 미쳐 국권을 사실상 장악하는 한편, 헌법기관인 국무총리와 국무회의의 권한을 사실상 배제하고자 하는 국헌문란의 목적을 달성하기 위하여, 비상계엄을 전국적으로 확대하는 것이 전군지휘관회의에서 결의된 군부의 의견인 것을 내세워 그와 같은 조치를 취하도록 대통령과 국무총리를 강압하고, 병기를 휴대한 병력으로 국무회의장을 포위하고 외부와의 연락을 차단하여 국무위원들을 강압 외포시키는 등의 폭력적 불법수단을 동원하여 비상계엄의 전국확대를 의결·선포하게 하였음을 알 수 있다. 사정이 이와 같다면, 위 비상계엄 전국확대가 국무회의의 의결을 거쳐 대통령이 선포함으로써 외형상 적법하였다고 하더라도, 이는 피고인들에 의하여 국헌문란의 목적을 달성하기 위한 수단으로 이루어진 것이므로 내란죄의 폭동에 해당하고, 또한 이는 피고인들에 의하여 국헌문란의 목적을 달성하기 위하여 그러한 목적이 없는 대통령을 이용하여 이루어진 것이므로 피고인들이 간접정범의 방법으로 내란죄를 실행한 것으로 보아야 할 것이다.

그러나 간접정범설은 ① 규범적 · 심리적 행위지배의 인정은 정범의 개념과 행위지배를 지나치게 확대하는 결과를 가져오고, ② 규범적 · 심리적 행위지배의 개념이 명확하지 않으며, ③ 신분 있는 자 또는 목적 있는 자에게 규범적 · 심리적 행위지배를 인정함으로써 정범의 개념은 행위지배에 의하여 결정되는 것이 아니라 오히려 반대로 정범의 개념이 확정되어야 행위지배가 인정되는 순환론에 빠지게 된다는 비판을 받는다.

교사범설에 대해서는 공범이 성립하기 위해서는 ① 정범의 실행행위는 구성요건에 해당하고 위법하여야 한다는 제한적 종속성의 원칙에 반하고, ② 구성요건에 해당하지 않는 행위를 야기 · 촉진하는 자를 형사 처벌하는 것은 죄형법정주의에 반한다는 비판이 가해진다.

생각건대 진정신분범이나 목적범에 있어서 신분 또는 목적 없는 고의

있는 자를 이용한 경우에 이용자의 처벌문제는 다음과 같이 해결되어야 한다.[71]

첫째, 이용자에게 행위지배가 있지만 피이용자에게는 종범의 고의가 있는 경우에는 이용자는 직접정범이 되고 피이용자는 종범이 된다고 해야 한다. 공범은 정범을 전제로 하므로 피이용자가 종범이면 이용자는 정범이 되어야 하고 이용자는 피이용자의 도움으로 직접 진정신분범 또는 목적범의 구성요건을 실현한 것으로 볼 수 있기 때문이다.

둘째, 행위지배가 이용자가 아니라 피이용자에게 있는 경우에는 이용자는 간접정범은 물론 교사범 또는 종범도 성립하지 않는다. 즉 이용자는 무죄이다. 행위지배가 없는 이용자는 간접정범이 될 수 없고, 신분 없거나 목적 없는 피이용자의 행위는 구성요건에 해당하지 않기 때문이다.

셋째, 신분 있거나 목적 있는 이용자가 신분 없거나 목적 없는 피이용자를 이용하여 구성요건을 실현한 경우에 공동의 범죄의사와 실행행위의 분담이라는 공동정범의 요건이 구비된 때에는 이용자와 피이용자에게 기능적 행위지배가 있기 때문에 형법 제33조에 따라 진정신분범 또는 목저범의 공동정범이 성립한다.

2) 적법한 행위를 이용하는 경우

이용자가 타인의 정당행위, 정당방위 또는 긴급피난을 이용하여 범죄를 실현하는 경우에도 간접정범이 성립한다. 예를 들면 A가 검찰에 허위사실을 신고하여 무고한 B를 구속하게 한 경우, A가 B를 살해하기 위하여 B에게 C를 공격하도록 사주하고 C가 정당방위로 B를 살해한 경우, 임산부가 낙태를 시도하다가 생명의 위험이 발생하자 의사로 하여금 임산부의 생명을 구하기 위하여 낙태수술을 하게 한 경우가 그것이다.

3) 구성요건해당성과 위법성은 있지만 책임이 없는 자를 이용한 경우

형법 제34조의 어느 행위로 처벌되지 않는 자에는 구성요건에 해당하고

---

71) 김선복, 형법판례연구(I), 2010, 47면 이하.

위법하지만 책임이 없는 자도 포함된다. 따라서 책임능력이 없는 자를 이용하여 범죄를 실현한 때에는 간접정범이 성립한다. 그러나 피이용자에게 책임이 없는 때에는 공범의 제한적 종속설에 따르면 교사범이 성립할 수도 있다. 따라서 이 경우에 간접정범과 교사범 중 어느 것이 성립하는지가 문제된다. 이는 정범과 공범의 구별문제에 속하므로 이용자에게 행위지배가 있는지에 따라 판단하여야 한다. 이용자에게 의사지배가 인정되는 경우에 간접정범이 성립한다. 그러나 피이용자의 행위지배가 인정되는 경우 이용자는 교사범이 된다. 책임 없는 자를 이용하는 경우에는 세 가지가 있을 수 있다.

(가) 책임능력 없는 자

책임능력 없는 형사미성년자 또는 심신상실자를 이용하여 범죄를 범한 때에는 간접정법이 성립한다. 이 때 이용자에게는 의사지배가 있을 것을 요한다. 예를 들면 7세의 어린이를 시켜 타인의 재물을 훔치게 하는 경우가 여기에 해당한다. 그러나 피이용자가 책임무능력자라 할지라도 행위지배가 인정되는 때에는 교사범이 성립한다.[72] 예를 들면 변별능력이 있는 형사미성년자를 이용하여 타인의 재물을 절취하게 한 경우가 그것이다.

(나) 정당한 이유가 있는 법률의 착오에 빠진 자

정당한 이유가 있는 법률의 착오에 빠진 자를 이용한 경우에도 간접정범이 성립한다. 이용자가 피이용자에게 착오를 의도적으로 야기하였거나 이미 착오에 빠진 피이용자를 인식하고 이용할 것을 요한다.

(다) 강요된 행위자

강요된 행위(형법 제12조)는 책임조각사유이다. 따라서 이용자가 강요된 피이용자를 이용한 경우에는 간접정범이 성립한다. 물론 이 경우에 이용자에게 행위지배가 있어야 한다. 피이용자가 자발적인 의사에 의하여 범죄를 실현한 때에는 이용자는 교사범이나 종범이 된다.

---

72) 배종대, 623면; 이재상, 443면; 임웅, 436면.

4) 구성요건에 해당하고 위법하고 책임이 있는 도구를 이용한 경우

간접정범은 어느 행위로 처벌되지 않는 자 또는 과실범으로 처벌되는 자를 이용하는 경우에 성립하므로 피이용자의 행위가 구성요건에 해당하고 위법하고 책임이 있는 때에는 간접정범이 성립할 수 없다. 그러나 정범배후의 정범이론(Täter hinter dem Täter)은 구성요건에 해당하고 위법하고 책임 있는 자를 이용한 자도 이용자의 의사지배가 피용자의 행위지배에 비하여 우월한 경우에는 간접정범이 될 수 있다고 한다.[73] 정범배후의 정범이 인정될 수 있는 유형에는 다음과 같은 경우가 있다.

(가) 회피가능한 금지착오를 이용하는 경우

회피가능한 금지착오는 책임조각사유가 아니므로 피이용자가 이러한 착오에 빠진 경우에는 고의범이 성립한다. 이 경우에도 독일의 통설은 간접정범이 성립한다고 한다. 이용자가 사건의 사실적 의미뿐 아니라 법적의 의미도 인식하고 이에 의하여 금지착오에 빠진 피이용자를 장악하기 때문이라고 한다.[74]

(나) 객체의 착오를 이용하는 경우

A는 B가 C를 살해하기 위하여 매복하고 있다는 사실을 알고 D를 그 장소로 보내 B가 D를 살해한 경우에 B의 객체의 착오는 고의범의 성립에 영향을 주지 않지만 A가 B에게 착오를 야기하여 D를 살해하였으므로 의사지배는 A에게 있다고 한다. 즉 A는 간접정범이 된다고 한다.

(다) 조직적 권력기구를 통한 의사지배

피이용자에게 강요나 기망 없이도 명령의 실행을 보장하는 권력기구를 통하여 범죄의 실행을 명령한 경우에 명령자에게는 의사지배가 인정되기 때문에 간접정범이 성립한다고 한다.[75] 권력기구에 의한 범죄에 있어서는

---

73) 김일수/서보학, 582면; 박상기, 421면; 손동권, 411면.
74) Schönke/Schröder/Cramer/Heine, § 25 Rn. 38.
75) Roxin, AT II, S. 47.

명령받은 자가 명령의 실행을 포기하면 그 대신으로 다른 사람이 명령을 실행하여 범죄를 반드시 실현하므로 명령자가 사건을 지배할 수 있다고 한다. 이 경우에 간접정범은 범죄의 실행을 명령한 권력기구의 수뇌부이다. 예를 들면 히틀러가 내린 살인명령에 따라 부하들이 살인죄를 범하였다면 히틀러는 살인죄의 간접정범이고 범죄를 실행한 부하는 살인죄의 정범이 된다고 한다.

(라) 검토

정범 배후 정범이론은 우리나라에서는 인정될 수 없다.[76] 형법 제34조는 "어느 행위로 인하여 처벌되지 않는 자 또는 과실범으로 처벌되는 자를 도구로 이용한 경우에만 간접정범이 성립한다"고 규정하고 있으므로 고의범으로 처벌되는 자는 피이용자가 될 수 없고 간접정범의 범위를 확대하여 공범을 정범으로 처벌하는 것은 유추로서 죄형법정주의에 반하기 때문이다. 따라서 구성요건에 해당하고 위법하고 책임 있는 자를 이용한 경우에는 공범 또는 공동정범이 된다고 해야 한다.

(2) 과실범으로 처벌되는 자

형법 제34조는 과실범으로 처벌되는 자도 간접정범으로 인정하고 있다. 과실범처벌규정이 있을 것을 요하지 않는다. 예를 들면 의사가 정을 모르는 간호사를 시켜 환자에게 독약을 주사하여 환자를 살해한 경우에 간호사가 약물의 내용을 확인하지 않은 과실이 있는 때에도 의사는 살인죄의 간접정범이 되고 간호사는 업무상과실치사죄로 처벌된다. 피이용자에게 구성요건착오가 있는 경우 착오에 과실이 있는 때에도 마찬가지이다.

---

76) 배종대, 625면; 신동운, 617면; 이재상, 445면; 이정원, 313면; 이형국, 347면; 임웅, 431-432면; 정성근/박광민, 516면.

2. 교사 · 방조행위

(1) 교사 · 방조의 의미

형법 제34조는 "어느 행위로 인하여 처벌되지 않는 자 또는 과실범으로 처벌되는 자를 교사 또는 방조하여 범죄행위의 결과를 발생케 할 것"을 간접정범의 성립요건으로 규정하고 있다. 여기의 교사 또는 방조란 교사범 또는 종범에서의 그것과는 달리 이용 또는 사주를 말한다(통설). 간접정범은 타인의 범죄를 야기하거나 촉진시키는 자가 아니라 타인을 도구처럼 범죄의 실행에 이용하는 자이기 때문이다. 이용자가 타인을 교사 또는 방조하였더라도 이용자에게 의사지배가 인정된 때에는 간접정범이 성립한다. 예를 들면 의사가 간호사 모르게 환자에게 투약할 약물을 독약으로 바꾼 경우가 여기에 해당한다.

(2) 부작위에 의한 간접정범

부작위에 의한 간접정범이 인정될 수 있는가에 대해서는 긍정설과 부정설이 대립하고 있다. 이용자에게 의사지배가 있어야 하기 때문에 이용행위는 작위일 것을 요한다. 따라서 부정설이 타당하다고 본다.[77] 예를 들면 형사미성년자인 아들이 타인의 재물을 절취하는 것을 알고 있는 그의 부모가 고의로 이를 방치한 경우에 부모에게는 의사지배가 없으므로 간정정범이 성립하지 않는다. 이 경우에는 부모는 종범이 된다.

(3) 범죄행위의 결과발생

범죄행위의 결과가 발생할 것을 요한다. 여기서 범죄행위의 결과발생이란 구성요건의 실현을 말한다. 그러나 이용행위가 있으면 결과가 발생하지 않은 경우에도 간접정범은 미수범으로 처벌될 수 있다. 예를 들면 B가 C에 가져다 줄 음료수에 A가 독약을 넣은 경우에는 A는 간접정범의 미수범으로 처벌된다.

---

77) 김일수/서보학, 582면; 박상기, 433면; 배종대, 627면.

III. 간접정범의 처벌

1. 간접정범의 처벌

형법은 간접정범을 "교사 또는 방조의 예에 의하여 처벌한다"고 규정하고 있다(형법 제31조 제1항). 이에 따라서 간접정범의 행위가 외형상 교사에 해당할 때에는 정범과 동일한 형으로 처벌하고, 종범에 해당할 때에는 정범의 형보다 감경해야 한다고 한다.[78] 그러나 "교사 또는 방조의 예에 의하여 처벌한다"고 하는 규정은 입법상의 오류이다. 간접정범은 의사지배가 인정되는 정범으로서 이용행위가 교사 또는 방조와 유사하더라도 불법내용에는 차이가 없으므로 동일한 형으로 처벌되어야 한다.[79]

2. 간접정범의 미수

형법 제34조 제1항이 간접정범을 "교사 또는 방조의 예에 의하여 처벌한다"고 규정하고 있다고 하여 간접정범을 공범이라고 할 수 없다. 간접정범은 정범이기 때문이다. 따라서 간접정범의 미수도 미수범에 관한 규정(형법 제25-제27조)에 따라 처벌된다. 간접정범에 있어서 실행의 착수는 이용자가 피이용자를 이용한 때 인정된다. 간접정범은 정범이므로 이용행위가 구성요건적 행위가 되기 때문이다.

IV. 관련문제

1. 간접정범의 착오

(1) 피이용자에 대한 착오

피이용자에 대한 착오에는 이용자가 어느 행위로 인하여 처벌되지 않는

78) 배종대, 629면; 이재상, 446면.
79) 같은 의견으로는 이정원, 315면.

자로 오인하고 이용하였으나 구성요건에 해당하고 위법하고 책임 있는 자인 경우와 이용자가 책임능력자로 오인하고 교사하였으나 책임무능력자인 경우가 있다. 전자의 경우에는 행위지배는 피이용자에게 인정되므로 이용자는 교사범이 된다.[80] 후자의 경우에는 이용자에게 교사의 고의가 있으므로 교사범이 성립한다.

(2) 피이용자의 착오

피이용자가 행위객체 또는 행위방법에 대하여 착오한 때에는 착오론이 적용된다. 예를 들면 A가 만취한 B를 이용하여 C를 살해하려고 하였으나 B가 D를 C로 오인하고 살해한 경우에 구체적 부합설 또는 법정적 부합설에 따라 A는 살인죄의 간접정범이 된다.[81] 물론 이 경우에 도구인 피이용자의 착오로 인하여 의도한 것과는 다른 객체에 결과가 발생한 것이므로 방법의 착오로 보아 구체적 부합설에 따라 C에 대한 살인죄의 미수와 D에 대한 과실치사죄의 상상적 경합을 인정하는 견해도 있다.[82] 그러나 실행행위자가 행위객체에 대하여 착오한 것이므로 살인죄의 간접정범이 성립한다고 해야 한다.

피이용자가 이용자의 고의범위를 초과하여 실행한 때에는 초과부분에 대해서는 이용자는 간접정범이 되지 않는다. 그러나 그 결과에 대하여 이용자에게 미필적 고의가 있었거나 결과적 가중범의 중한 결과를 예견할 수 있었던 경우에는 결과적 가중범의 간접정범이 성립한다.[83]

2. 간접정범과 신분범

진정신분범은 신분 있는 자를 행위주체로 한다. 즉 진정신분범에 있어서 신분은 정범적격이다. 간접정범은 정범이므로 진정신분범의 간접정범이 되

---

80) 김일수/서보학, 587면; 박상기, 428면; 배종대, 630면; 유기천, 131면; 이재상, 447면; 이정원 317면; 임웅, 438면; 정성근/박광민, 519면.
81) 배종대, 630면; 이재상, 447면.
82) 김일수/서보학, 586면; 박상기, 428면; 이정원, 318면; 이형국, 348면.
83) 김일수/서보학, 585면; 배종대, 630면; 이재상, 448면.

기 위해서는 이용자에게 신분이 있어야 한다. 신분 없는 자가 신분자를 이용하는 경우에는 진정신분범의 간접정범이 성립하지 않는다.[84] 형법 제33조는 간접정범에도 적용된다고 하여 신분 없는 자도 진정신분범의 간접정범이 될 수 있다는 견해[85]도 있으나 이 규정은 비신분자가 신분자의 진정신분범에 관여할 때 적용되는 것이므로 비신분자가 진정신분범의 단독정범이 될 수 있다는 것을 의미하는 것은 아니다.

3. 간접정범과 자수범

(1) 자수범의 의의

자수범이란 행위자가 직접 구성요건을 실현해야 성립하는 범죄를 말한다. 따라서 자수범에 있어서는 간접정범과 공동정범이 불가능하다. 이용자가 타인을 이용하여 자수범을 실행한 때에는 교사범이나 종범이 성립할 수 있을 뿐이다.

(2) 자수범의 인정문제

형법은 자수범을 명시적으로 규정하고 있지 않다. 따라서 자수범을 인정할 것인가에 대하여는 견해가 대립하고 있다. 긍정설과 부정설이 그것이다.

1) 부정설

부정설은 형법 제34조가 간접정범을 공범의 예에 의하여 처벌한다고 규정하여 간접정범에 제33조가 적용될 수 있으므로 현행법상 자수범은 인정할 수 없다고 한다.

그러나 이미 위에서 설명한 바와 같이 간접정범은 정범이므로 신분 없는 자는 진정신분범의 간접정범이 될 수 없으며. 형법규정의 해석상 정범이

---

84) 김일수/서보학, 588면; 배종대, 631면; 이재상, 448면; 이정원 319면; 이형국, 348면; 임웅, 440면; 정성근/박광민, 526면.
85) 유기천, 135면; 진계호, 587면.

직접 구성요건을 실현할 것을 요하는 범죄가 있을 수 있기 때문에 부정설은 타당하다고 할 수 없다.[86)]

2) 긍정설

긍정설은 어떤 범죄가 자수범에 해당하는 이유가 무엇인가에 따라 긍정설, 거동범설, 진정자수범 · 부진정자수범 이분설, 삼분설로 나뉜다.

(가) 문언설

문언설은 구성요건의 문언이 정범의 범죄실행을 요구하는 것으로 해석될 때 자수범이 된다는 견해이다. 문언설에 대해서는 법률문언은 다의적이므로 명확하지 않고 어떤 범죄가 자수범인가를 법률규정에 의하여 형식적으로 결정하는 것은 타당하지 않다는 비판이 가해진다.[87)]

(나) 거동범설

거동범설은 거동범은 신체의 거동만으로 성립하는 범죄이므로 자수범이라고 하는 견해이다. 그러나 거동범 모두가 자수범인 것은 아니므로 거동범설은 타당하다고 할 수 없다. 예를 들면 폭행죄는 거동범이지만 자수범은 아니다.

(다) 진정자수범 · 부진정자수범 이분설

이분설은 자수범을 진정자수범과 부진정자수범으로 나누어 진정자수범에는 ① 상습도박죄(형법 제246조 제2항), 영리목적 약취 · 유인죄(형법 제288조)와 같이 행위자가 범죄를 실행하여야만 행위지배가 있다고 볼 수 있는 행위자 형법적 범죄와 ② 간통죄(형법 제241조), 직무유기죄(형법 제122조), 계간죄(군형법 제92조)와 같이 윤리적으로 비난받는 행위 때문에 처벌되는 법익침해 없는 행위관련적 범죄가 있다고 한다.[88)] 또 부진정자수범에는 위증죄(형법 제152조), 도주죄(형법 제145조), 유기죄(형법 제271조)와 같이 의무범으로서 일신전속적 의무침해

86) 배종대, 632면; 성낙현, 602면; 이재상, 449면; 임웅, 441면.
87) 배종대, 632면; 성낙현, 602-603면; 이재상, 449-450면; 임웅 441면.
88) Roxin, LK, § 25 Rn. 44.

를 구성요건요소로 하기 때문에 간접정범이 성립할 수 없는 범죄가 있다고 한다.[89] 진정자수범 · 부진정자수범 이분설은 법익을 침해하지 않는 행위는 범죄가 될 수 없기 때문에 법익침해 없는 범죄가 자수범이 된다고 할 수 없고,[90] 윤리적 또는 도덕적으로 비난받는 것 또는 의무침해만으로 자수범이 성립할 수 있다고 하는 것은 잘못[91]이라는 비판을 받는다.

(라) 삼분설

삼분설은 ① 간통죄(형법 제241조) · 혼인빙자간음죄(형법 제304조) · 계간죄(군형법 제92조) 등과 같이 행위자의 신체로 범죄를 실행하여야 성립하는 범죄, ② 명예훼손죄(형법 제307조) · 모욕죄(형법 제311조) · 업무상비밀누설죄(형법 제317조) 등과 같이 행위자의 인격적 태도가 표현되어야 성립하는 범죄 및 ③ 위증죄(형법 제152조) · 군무이탈죄(군형법 제30조) 등과 같이 소송법 기타 법률이 행위자의 범죄실행을 요구하는 범죄가 자수범에 해당한다고 한다.[92]

(마) 검토

어떤 범죄가 자수범에 해당하는가는 법률규정의 해석을 통하여 판단하여야 한다. 그 기준으로는 자수범의 인정기준을 비교적 논리정연하게 제시한 삼분설이 타당하다고 생각한다.

(3) 형법상 자수범

형법상의 자수범은 삼분설에 따라 다음과 같이 구별될 수 있다.[93]

① 행위자의 신체를 수단으로 범죄를 실행하는 자수범으로는 준강간죄 · 준강제추행죄(형법 제299조), 피구금부녀간음죄(형법 제303조 제2항), 계간죄(군형법 제92조)가 있다. ② 행위자의 인격적 행위를 요하는 자수범에는 간통죄(형법 제241조), 업무상비밀누설죄(형법 제317조)가 해당한다. ③ 형법 이외의 소송법 기타

89) 신동운, 672면; Roxin, LK, § 25 Rn. 35.
90) 이재상, 451면.
91) 배종대, 632면.
92) 박상기, 87면; 배종대, 833면; 이재상, 451면; 임웅, 442면; 정성근/박광민, 525면.
93) 배종대, 634면; 이재상, 452면.

법률이 행위자 스스로의 행위를 요구하는 자수범에는 위증죄(형법 제152조), 군무이탈죄(군형법 제30조) 등이 있다.

V. 특수교사 · 방조

형법 제34조 제2항은 "자기의 지휘 · 감독을 받는 자를 교사 또는 방조하여 전항의 결과를 발생하게 한 자는 교사인 때에는 정범에 정한 형의 장기 또는 다액의 2분의 1까지 가중하고 방조인 때에는 정범의 형으로 처벌한다"고 특수교사 · 방조를 규정하고 있다. 타인을 지휘 · 감독하는 자가 우월한 지위를 이용하여 지휘 · 감독을 받는 자를 교사 · 방조한 때에는 불법내용은 물론 책임내용도 크기 때문에 형이 가중된다.[94]

이 규정의 법적 성질에 대해서는 특수한 간접정범에 관한 규정이라는 견해[95]가 있으나 특수한 간접정범뿐만 아니라 특수한 공범을 규정한 것이라는 견해[96]가 타당하다.

여기에는 법령이나 계약에 의하여 지휘 · 감독을 받는 자뿐만 아니라 사실상 지휘 · 감독을 받는 자도 포함된다.[97] 예를 들면 상관과 부하, 가게주인과 점원, 교사와 학생 사이에 특수교사 · 방조가 성립할 수 있다.

지휘 · 감독하는 지위를 이용하여 교사 또는 방조해야 한다. 따라서 피이용자는 자신이 이용자의 지휘 · 감독을 받는 자라는 것을 인식하여야 한다.

---

94) 박상기, 436면; 배종대, 635면; 이재상, 453면.
95) 김성천/김형준, 527면; 김일수/서보학, 590면.
96) 박상기, 431면; 배종대, 635면; 성낙현, 607면; 신동운, 633면; 유기천, 136면; 이재상, 4533면; 이형국, 350면; 정성근/박광민, 528면.
97) 배종대, 635면; 이재상, 453면.

제 4 절 교사범

I. 교사범의 의의

교사범이란 범죄결의가 없는 타인에게 범죄의 결의를 야기하여 그 죄를 범하게 한 자를 말한다. 예를 들면 내연남에게 자신의 남편을 살해하도록 교사한 처가 여기에 해당한다. 형법은 "타인을 교사하여 죄를 범하게 한 자는 죄를 실행한 자와 동일한 형으로 처벌한다"고 규정하고 있다(형법 제31조 제1항). 교사에 의하여 죄를 실행한 자를 피교사자라고 하고, 타인을 교사하여 죄를 범하게 한 자를 교사자라고 한다. 교사범에서 정범은 교사자가 아니라 범죄를 직접 실행한 피교사자이다.

교사범은 행위지배가 없다는 점에서 기능적 행위지배가 인정되는 공동정범과 다르고, 정범을 전제로 하는 공범이라는 점에서 타인을 도구로 이용하여 범죄를 실행하는 정범인 간접정범과 구별되며, 범죄의사가 없는 타인에게 범죄를 결의하게 한다는 점에서 이미 범죄를 결의한 타인의 범행을 촉진하는 종범과 구별된다.

II. 교사범의 성립요건

교사범은 교사자의 교사행위와 정범의 실행행위를 성립요건으로 한다.

1. 교사자의 교사행위

(1) 교사행위의 의의

교사행위란 범죄의 결의가 없는 타인에게 범죄의 결의를 야기하는 행위를 말한다. 이미 범죄를 결의하고 있는 자에 대해서는 교사가 불가능하고,[98] 방조 또는 교사의 미수가 성립할 수 있을 뿐이다. 그러나 범죄의 결

98) 대법원 1991. 5. 14, 91도542.

의를 가지고 있는 타인을 교사하여 다른 범죄를 결의하게 하거나 가중적 구성요건을 실현하게 하는 경우에는 전체에 대한 교사가 성립한다고 해야 한다.[99] 예를 들면 절도를 결의하고 있는 자에게 특수절도를 교사하거나 강도를 교사한 경우에는 특수절도 또는 강도의 교사가 성립한다. 다만 결의한 범죄보다 가벼운 범죄를 교사한 경우에는 교사가 성립하는 것이 아니라 방조가 될 뿐이다.

(2) 교사행위의 수단과 방법

교사행위의 수단과 방법에 제한이 없다.[100] 범죄의 결의를 야기할 수 있는 것이면 명시적인 것이든 묵시적인 것이든 묻지 않는다. 예를 들면 위협, 명령, 지시, 요청, 설득, 유혹, 애원, 기망, 이익제공 등에 의한 교사도 가능하다. 다만 강요, 위력 또는 기망에 의한 교사의 경우에 교사자에게 의사지배가 인정되는 때에는 교사범이 아니라 간접정범이 성립한다. 교사행위는 타인에게 특정한 범죄를 결의하게 하는 것이어야 하고, 막연히 죄를 범하라고 하는 것과 같이 범죄일반을 교사하는 행위는 교사행위에 해당하지 않는다. 그러나 범행의 일시, 장소, 방법 등의 세부적인 사항까지를 특정하여 교사할 필요는 없다.[101]

> **ㅁ 판례(대법원 1991. 5. 14, 91도542)**
>
> 교사범이란 타인(정범)으로 하여금 범죄를 결의하게 하여 그 죄를 범하게 한 때에 성립하는 것이고 피교사자는 교사범의 교사에 의하여 범죄실행을 결의하여야 하는 것이므로, 피교사자가 이미 범죄의 결의를 가지고 있을 때에는 교사범이 성립할 여지가 없다.
>
> 막연히 "범죄를 하라"거나 "절도를 하라"고 하는 등의 행위만으로는 교사행위가 되기에 부족하다 하겠으나, 타인으로 하여금 일정한 범죄를 실행할 결의를

99) 김일수/서보학, 639면; 박상기, 433면; 배종대, 637면; 성낙현, 620면; 이재상, 482면.
100) 대법원 1991. 5. 14, 91도542.
101) 대법원 1991. 5. 14, 91도542.

생기게 하는 행위를 하면 되는 것으로서 교사의 수단방법에 제한이 없다 할 것이므로, 교사범이 성립하기 위하여는 범행의 일시, 장소, 방법 등의 세부적인 사항까지를 특정하여 교사할 필요는 없는 것이고, 정범으로 하여금 일정한 범죄의 실행을 결의할 정도에 이르게 하면 교사범이 성립된다.

교사는 피교사자에게 범죄의 결의를 야기하는 적극적 행위일 것을 요하므로 부작위에 의한 교사는 인정되지 않는다.[102] 또 교사는 고의로 정범에게 범죄를 결의하게 하는 것이므로 과실에 의한 교사도 불가능하다.[103]

(3) 교사자의 고의

교사자의 고의는 이중의 고의이어야 한다. 즉 교사자에게는 피교사자에게 범죄를 결의하게 하려는 고의(교사의 고의)와 피교사자로 하여금 범죄를 실행하게 하겠다는 고의(정범의 고의)가 있어야 한다. 미필적 고의로도 족하다.

1) 고의의 특정

교사자의 고의는 특정한 피교사자와 특정한 범죄에 대한 인식이어야 한다. 피교사자가 특정되어 있는 때에는 1인이든 다수인이든 상관없다. 그러나 불특정인에 대한 교사는 교사에 해당하지 않는다. 교사자는 피교사자의 신원을 알고 있을 필요가 없다. 따라서 인터넷을 통해 알지 못하는 특정인에게 살인을 교사하는 경우에도 교사범이 성립할 수 있다.

교사자는 정범으로 하여금 특정한 범죄를 실행하게 하겠다는 고의를 가지고 있어야 한다. 즉 정범이 실현할 특정한 범죄를 인식하여야 한다. 따라서 목적범이나 신분범을 교사하는 경우에는 교사자는 정범에게 목적이나 신분이 있다는 것을 인식하여야 한다.

---

102) 김일수/서보학, 640면; 박상기, 432면; 배종대, 638면; 성낙현, 622면; 유기천, 294면; 이재상, 483면; 이형국, 353면; 임웅, 445면; 정성근/박광민, 563면; Jescheck/Weigend, S. 691; Schönke/Schröder/Cramer/Heine, § 26 Rn.7.

103) 김일수/서보학, 640면; 박상기, 434면; 배종대, 638면; 신동운, 618면; 성낙현, 622면; 오영근, 667면; 유기천, 294면; 이재상, 483면; 이형국, 353면; 임웅, 445면; 정성근/박광민, 564면.

2) 미수의 교사

교사자의 고의는 구성요건의 실현에 대한 고의, 즉 기수의 고의이어야 하므로 처음부터 미수에 그치게 할 의사로 행한 교사의 경우에는 교사범이 성립하지 않는다. 예를 들면 절도의 실행에 착수하였을 때 범인을 체포하겠다는 의사로 피교사자에게 절도죄를 교사한 경우가 여기에 해당한다. 미수교사의 대표적인 예로 함정수사(agent provocateur)를 들 수 있다.함정교사란 타인을 현행범인으로 체포할 목적으로 범죄를 결의하게 하고 실행에 착수할 때 그를 체포하는 방법을 말한다. 허용되지 않는 범죄유발형 함정수사의 경우에 교사자를 처벌할 수 있는지가 문제된다. 이에 대해서는 가벌설과 불가벌설이 대립하고 있다. 가벌설은 교사자의 고의는 피교사자가 범죄를 실행한다는 인식과 의욕으로 족하다고 보아 미수의 고의도 교사자의 고의가 되므로 교사의 미수와 같이 처벌할 수 있다는 견해이다.[104] 이에 대하여 불가불설은 교사자의 고의는 구성요건적 결과발생에 대한 인식과 의욕이어야 한다고 하여 미수의 고의를 교사자의 고의로 볼 수 없으므로 처벌할 수 없다는 견해이다[105]. 불가벌설이 다당하다고 생각한다.

또한 교사자는 미수에 그치게 할 의사로 교사하였으나 피교사자가 기수에 이른 경우에는 결과발생에 대한 교사자의 과실유무에 따라 과실책임을 인정할 수 있을 뿐이라는 견해[106]와 방조의 예에 따라 처벌하여야 한다는 견해[107]가 대립한다. 피교사자가 교사받은 것을 초과한 경우에 초과부분에 대해 과실이 있는 때에는 결과적 가중범의 성립을 인정할 수 있으므로[108] 과실이 있는 때에는 과실책임을 인정할 수 있다는 견해가 타당하다고 생각한다.

104) 남흥우, 238면.

105) 김성천/김형준, 536면; 김일수/서보학, 641면; 박상기, 440면; 배종대, 639면; 신동운, 621면; 오영근, 669면; 이재상, 485면; 이정원, 341면; 이형국, 352면; 임웅, 448면; 정성근/박광민, 565면.

106) 김일수/서보학, 641면; 성낙현, 630면; 이재상, 485면; 이형국, 353면; 임웅, 448면; 정성근/박광민, 565면.

107) 박상기, 441면; 배종대, 639면.

108) 대법원 2002. 10. 25, 2002도4089.

2. 피교사자의 실행행위

(1) 피교사자의 범죄결의

교사자의 교사에 의하여 피교사자는 범죄를 결의하여야 한다. 즉 교사자의 교사행위와 피교자의 범죄결의 사이에는 인과관계가 있어야 한다. 교사를 하였으나 피교사자가 범죄를 결의하지 아니한 때에는 교사범이 성립하지 않는다. 이 경우에 교사자는 예비 · 음모에 준하여 처벌될 뿐이다(형법 제31조 제3항). 이미 범죄를 결의한 자를 교사한 때에도 마찬가지이다.

(2) 피교사자의 실행행위

교사범이 성립하기 위해서는 적어도 정범이 범죄의 실행에 착수하여야 한다.[109] 피교사자가 범죄를 결의하더라도 실행행위가 없는 때에는 교사범이 성립하지 않고 예비 · 음모에 준하여 처벌될 뿐이다(형법 제31조 제2항). 정범의 실행행위는 구성요건에 해당하고 위법하면 되고 책임이 있을 것을 요하지 않는다(공범의 제한적 종속형식). 목적범 또는 신분범의 경우에는 정범에게 목적 또는 신분이 있어야 한다.

III. 교사의 착오

1. 피교사자에 대한 착오

교사자의 고의는 피교사자의 책임능력에 대한 인식을 포함하고 있지 않으므로 피교사자의 책임능력에 대한 착오는 교사자의 고의에 영향이 없다. 예를 들면 교사자가 책임무능력자인 피교사자를 책임능력자로 오인하고 교사한 경우에는 교사범이 성립한다.

---

109) 대법원 1998. 2. 24, 97도183; 2000. 2. 25, 99도1252.

2. 실행행위에 대한 착오

실행행위에 대한 착오란 교사자의 교사내용과 피교사자의 실행행위가 일치하지 않는 경우를 말한다. 즉 피교사자가 교사된 것 이상 실행하였거나 그보다 적게 실행한 경우가 그것이다.

(1) 교사내용보다 적게 실행한 경우

피교사자가 교사받은 것보다 적게 실행한 때에는 교사자는 공범종속성설에 따라 피교사자가 실행한 범위 내에서 책임을 진다. 예를 들면 교사자가 중상해를 교사하였는데 피교사자가 단순상해를 가한 경우에는 교사자는 상해죄의 교사범이 될 뿐이다. 그러나 해석상 이에 대한 예외가 인정될 수 있다. 예를 들면 강도를 교사받은 피교사자가 절도를 실행한 경우에는 절도죄의 교사범이 성립하지만 강도의 교사는 교사의 미수(형법 제31조 제2항)로서 강도의 예비 또는 음모가 된다.[110] 절도죄의 교사범과 강도의 예비 또는 음모는 상상적 경합관계에 있으므로 가장 중한 죄인 강도의 예비 또는 음모로 처벌된다(형법 제41조).

(2) 교사내용을 초과하여 실행한 경우

피교사자가 교사자가 교사한 내용을 초과하여 실행한 경우에 교사자는 원칙적으로 초과부분에 대해서는 책임을 질 필요가 없다. 왜냐하면 교사자는 고의의 범위 내에 있는 피교사자의 실행행위에 대해서만 책임을 지기 때문이다. 이는 질적 초과와 양적 초과로 나누어진다.

1) 질적 초과

피교사자가 교사된 범죄와는 전혀 다른 범죄를 실행한 경우를 질적 초과라고 한다. 질적 초과에 있어서는 교사범은 성립하지 않는다. 다만 교사된 범죄의 예비 · 음모를 처벌하는 규정이 있는 때에는 교사자는 예비 · 음모에

---

110) 김일수/서보학, 643면; 박상기, 436면; 배종대, 643면; 이재상, 487면; 임웅, 453면.

준하여(형법 제31조 제2항) 처벌될 수 있다.

예를 들면 교사자가 강도를 교사하였는데 피교사자가 살인을 한 경우에는 강도죄의 교사범도 살인죄의 교사범도 성립하지 않으나 교사자는 형법 제31조 제2항에 의하여 강도의 예비 · 음모(형법 제343조)로 처벌된다. 그러나 교사된 범죄와 실행된 범죄 사이에는 본질적인 차이가 있어야 한다. 따라서 사기를 교사하였으나 피교사자가 공갈을 실행하였거나 공갈을 교사하였는데 강도를 실행한 경우에는 교사된 범죄의 교사범이 성립한다.[111)]

2) 양적 초과

피교사자가 교사된 범죄와 죄질이 같은 중한 범죄를 실행한 경우를 양적 초과라고 한다. 양적 초과의 경우에는 교사자는 초과부분에 대하여 고의가 없으므로 책임을 지지 않는다. 예를 들면 절도를 교사하였는데 피교사자가 강도를 실행한 경우에 교사자는 절도죄의 교사범으로 처벌된다. 다만 실행된 범죄의 결과적 가중범을 처벌하는 규정이 있고 중한 결과에 대하여 교사자의 과실이 인정되면(형법 제15조 제2항) 교사자는 결과적 가중범으로 처벌될 수 있다.[112)] 예를 들면 상해를 교사 받은 피교사자가 살인을 한 경우에 사망의 결과에 대하여 교사자의 과실이 있는 때에는 상해치사죄의 교사범이 성립한다.

ㅁ 판례(대법원 1993. 10. 8, 93도1873)

교사자가 피교사자에 대하여 상해 또는 중상해를 교사하였는데 피교사자가 이를 넘어 살인을 실행한 경우 일반적으로 교사자는 상해죄 또는 중상해죄의 교사범이 되지만 이 경우 교사자에게 피해자의 사망이라는 결과에 대하여 과실 내지 예견가능성이 있는 때에는 상해치사죄의 교사범으로서의 죄책을 지울 수 있다.

---

111) 김일수/서보학, 644면; 배종대, 644면; 이재상, 487면.

112) 대법원 2002. 10. 25, 2002도4089; 1997. 6. 24, 97도1075; 1993. 10. 8, 93도1873.

3. 피교사자의 착오

교사자의 교사내용과 피교사자의 실행행위가 다르지만 양자가 동일한 구성요건에 속하는 구체적 사실의 착오에 대해서는 착오의 일반이론이 그대로 적용된다. 피교사자가 객체의 착오를 일으킨 경우에는 발생한 결과에 대하여 교사범이 성립한다. 예를 들면 교사자가 A를 살해하라고 하였는데 피교사자가 B를 A로 오인하고 B를 살해한 때에는 교사자는 B에 대한 살인죄의 교사범으로 처벌된다. 그리고 피교사자가 방법의 착오를 일으킨 경우, 예를 들면 A를 살해할 것을 교사 받은 피교사자가 A를 향해 총을 발사하였으나 행인 B가 사망한 경우에는 교사자는 구체적 부합설에 따라 A에 대한 살인미수와 B에 대한 과실치사죄의 상상적 경합으로 처벌된다.

IV. 교사범의 처벌

교사범은 정범과 동일한 형으로 처벌한다(형법 제31조 제1항). 여기의 동일한 형이란 실행한 범죄의 법정형을 말한다. 교사범과 정범의 선고형은 각자의 책임에 따라 달라질 수 있다. 교사범의 형이 정범의 형보다 무거운 경우도 있을 수 있다. 또 공범은 성립 상 정범에 종속될 뿐, 처벌 상 종속되지 않으므로 교사범의 처벌은 정범의 처벌을 전제로 하지 않는다.

자기의 지휘·감독을 받는 자를 교사한 때에는 정범에 정한 형의 장기 또는 다액의 2분의 1일까지 가중한다(형법 제34조 제2항). 진정신분범의 경우에 비신분자가 신분자를 교사한 때에는 진정신분범의 교사범이 성립한다(형법 제33조). 그러나 신분자가 비신분자를 교사한 때에는 진정신분범의 간접정범이 성립한다. 신분관계로 인한 형의 가중 또는 감면은 신분자에게만 인정되고 공범과는 상관없다(형법 제33조 단서).

V. 관련문제

1. 교사의 교사

교사의 교사는 간접교사와 연쇄교사로 나누어진다.

(1) 간접교사

교사자가 처음부터 피교사자로 하여금 제3자를 교사하여 범죄를 실행하게 하는 경우와 교사자가 교사하였으나 피교사자가 직접 범죄를 실행하지 않고 제3자를 교사하여 실행하게 하는 경우를 간접교사라고 한다. 간접교사를 처벌할 수 있는지에 대하여 긍정설[113]과 부정설이 대립하고 있다. 형법은 "타인을 교사하여 죄를 범하게 한 자"라고 규정할 뿐 교사의 방법에 제한을 두고 있지 않고, 간접교사에 의하여 정범이 교사된 범죄를 실행한 이상 간접교사와 직접교사를 구별할 이유가 없으므로 긍정설이 타당하다고 생각한다. 판례도 긍정설의 입장을 취하고 있다.[114]

(2) 연쇄교사

교사자와 정범 사이에 교사의 교사가 계속되는 경우를 연쇄교사라고 한다. 연쇄교사를 처벌할 수 있는지에 대해서는 이를 부정하는 견해도 있으나 연쇄적인 교사행위에 의하여 결국 교사된 범죄가 실행되었다면 간접교사와 마찬가지로 연쇄교사도 교사범으로 처벌하여야 한다. 따라서 긍정설[115]이 타당하다고 생각한다.

2. 교사의 미수

교사의 미수에는 피교사자가 실행에 착수하였으나 미수에 그친 경우, 실

---

113) 김성천/김형준, 539면; 김일수/서보학, 645면; 박상기, 445면; 배종대, 646면; 이재상, 490면; 이정원, 359면; 임웅, 455면.

114) 대법원 1967. 1. 24, 66도1586; 1974. 1. 29, 73도3104.

115) 김성천/김형준, 539면; 김일수/서보학, 646면; 박상기, 446면; 배종대, 646면; 이재상, 490면; 이정원, 359면; 임웅, 455면.

패한 교사 및 효과 없는 교사가 포함된다. 피교사자가 실행에 착수하여 미수에 그친 경우에는 피교사자과 같이 교사범도 미수범으로 처벌된다.

실패한 교사란 교사자가 교사하였으나 피교사자가 범죄의 실행을 승낙하지 않은 경우를 말한다. 효과 없는 교사란 교사 받은 피교사자가 범죄의 실행에 승낙하였으나 실행에 착수하지 않은 경우를 말한다. 실패한 교사와 효과 없는 교사를 기도된 교사라고 한다.

기도된 교사의 처벌에 대하여는 공범종속성설과 공범독립성설이 견해를 달리한다. 공범종속성설은 공범이 성립하기 위해서는 정범이 결과를 발생시키거나 실행에 착수하여야 하고 기도된 교사는 실행의 착수가 없으므로 교사범으로 처벌할 수 없다고 한다. 반면 공범독립성설에 의면 공범의 가벌성은 정범과 상관없이 교사행위 자체에 의하여 결정되므로 교사자가 교사한 때에는 피교사자가 실행에 착수하지 않았더라도 교사범은 교사된 범죄의 미수범으로 처벌된다고 한다.

형법은 피교사자가 범죄의 실행을 승낙하고 실행의 착수에 이르지 아니한 때에는 교사자와 피교사자를 예비 · 음모에 준하여 처벌하고, 교사 받은 피교사자가 범죄의 실행에 승낙하지 아니한 때에는 교사자만을 예비 · 음모에 준하여 처벌한다고 규정함으로써 공범종속성설과 공범독립성설을 절충하는 입장을 취하고 있다.

제5절 종 범

I. 종범의 의의

종범이란 타인의 범죄를 방조한 자를 말하고(형법 제32조 제1항), 방조범이라고도 불린다. 여기서 방조행위란 타인의 범행을 촉진시키거나 용이하게 하는 행위를 말한다.[116] 형법은 종범의 형은 정범의 형보다 감경한다고 하여 종범을 필요적 감경사유로 규정하고 있다(형법 제32조 제2항). 종범은 행위지배가 없고 정범은 방조행위를 인식할 필요가 없다는 점에서 기능적 행위지배가 있고 공동의 범행결의를 전제로 하는 공동정범과 구별된다. 또 종범은 행위지배가 없는 공범이라는 점에서 교사범과 같으나 이미 범죄를 결의한 사람의 범행을 촉진시킨다는 점에서 범죄결의가 없는 타인을 교사하여 범죄를 실행하게 하는 교사범과 구별된다.

그러나 간첩방조(형법 제98조 제1항), 도주원조죄(형법 제147조), 아편흡식 등 장소제공(형법 제201조 제2항), 자살방조(형법 제252조 제2항) 등과 같은 형법각칙상의 종범은 타인의 범죄를 방조하는 독립적인 정범이므로 형법 제32조의 규정이 적용되지 않는다.

II. 종범의 성립요건

종범의 성립요건은 종범의 방조행위와 정범의 실행행위이다.

1. 종범의 방조행위

(1) 방조행위의 의의와 방법

방조행위란 타인(정범)의 범행을 촉진시키거나 용이하게 하는 행위를 말한다. 방조행위의 방법에는 제한이 없다. 물질적 방조(거동방조)는 물론 정신적 방조(언어방조)도 가능하다.[117] 물질적 방조에는 범행도구 · 범행장소 · 범죄에 필요한 자금의 제공 · 범행현장에 데려다 주는 행위 · 망보는 행위 등의 유형적 방조가 있고, 정신적 방조로는 조언 · 충고 · 격려 · 정보제공 · 범행의 강화 등의 무형적 방조를 들 수 있다. 예를 들면 장물처분을 약속하거나 알리바이의 증명을 약속하는 것이 범행결의의 강화에 해당한다.

방조는 부작위에 의해서도 가능하다. 부작위에 의한 방조가 성립하기 위

116) 대법원 1995. 9. 29, 95도456; 1988. 3. 22, 87도2585; 1986. 12. 9, 86도198.
117) 대법원 2008. 3. 13, 2006도3615; 2007. 4. 27, 2007도1303; 1995. 9. 29, 95도456.

해서는 종범에게 법익침해의 결과발생을 방지해야 할 보증인지위가 있어야 한다.[118] 예를 들면 은행지점장이 부하직원의 배임행위를 방치한 경우,[119] 아파트 지하실의 소유자가 임차인의 지하실 용도변경행위를 방조한 경우,[120] 법원 입찰담당 공무원이 입찰보증금의 횡령사실을 알고도 방치한 경우,[121] 백화점 직원이 백화점 입점점포에서 위조상표를 부착한 상품을 판매하는 사실을 알고도 방치한 경우,[122] 인터넷 포털 사이트 내 성인만화방에서 콘텐츠제공업체들이 게재하는 음란만화를 방치한 경우[123]가 여기에 해당한다.

ㅁ 판례(대법원 2010. 1. 14, 2009도12109)

형법이 금지하고 있는 법익침해의 결과발생을 방지할 법적인 작위의무를 지고 있는 자가 그 의무를 이행하지 아니한 경우, 이를 작위에 의한 실행행위와 동일하게 부작위범으로 처벌하기 위하여는, 그 의무를 이행함으로써 결과발생을 쉽게 방지할 수 있었음에도 불구하고 그 결과의 발생을 용인하고 이를 방관한 채 그 의무를 이행하지 아니한 결과, 그 부작위가 작위에 의한 법익침해와 동등한 형법적 가치를 가진다고 볼 수 있어 그 범죄의 실행행위로 평가될 만한 것이라야 한다.

(2) 방조행위의 시기

방조행위는 정범이 실행에 착수하기 전이나 후 어느 때라도 가능하다. 따라서 실행의 착수 이전에 정범의 예비행위를 방조할 수 있고,[124] 실행의

118) 대법원 2010. 1. 14, 2009도12109; 2006. 4. 28, 2003도4128; 1992. 2. 11, 91도2951.
119) 대법원 1984. 11. 27, 84도1906.
120) 대법원 1985. 11. 26, 85도1906.
121) 대법원 1996. 9. 6, 95도2551.
122) 대법원 1997. 3. 14, 96도1639.
123) 대법원 2006. 4. 28, 2003도4128.
124) 대법원 1996. 9. 6. 선고 95도2551, "종범은 정범의 실행행위 중에 이를 방조하는 경우뿐만 아니라, 실행 착수 전에 장래의 실행행위를 예상하고 이를 용이하게 하는 행위를 하여 방조한 경우에도 정범이 실행행위를 한 경우에 성립한다."

착수 후 기수에 이르기 전에 방조할 수 있으며, 정범의 행위가 기수에 이른 후에도 종료되기 전까지는 방조행위가 가능하다. 예를 들면 체포 또는 감금된 자를 감시하는 경우, 절도범의 도주를 도와주기 위하여 추격하는 자를 방해하는 경우가 방조에 해당한다. 그러나 범죄가 종료된 이후에는 종범이 성립할 수 없다. 즉 사후방조는 종범으로 볼 수 없다.[125] 따라서 범죄종료 후의 범인은닉 또는 증거인멸행위는 종범이 아니라 범인은닉죄(형법 제151조) 또는 증거인멸죄(형법 제155조)의 정범이 된다.

(3) 방조행위의 인과관계

방조행위와 정범의 실행행위 사이에 인과관계가 있어야 하는지에 대해서는 긍정설과 부정설이 대립하고 있다.

1) 긍정설

긍정설은 방조행위와 정범의 실행행위 사이에 인과관계가 있어야 한다는 견해이다. 긍정설은 다시 결과야기설과 기회증대설로 나뉜다. 결과야기설은 방조행위가 결과를 공동으로 야기하여야 하므로 방조행위와 정범의 실행행위 사이에는 인과관계가 있어야 한다고 한다.[126] 여기의 인과관계는 방조행위가 결과발생의 원인이 되어야 한다는 것을 요구하는 것이 아니라 정범의 결과발생을 가능하게 하였거나 용이하게 하였거나 강화시켰을 정도의 합법칙적 관련이 있으면 족하다고 한다. 반면 기회증대설은 종범이 성립하기 위해서는 방조행위와 결과 사이에 인과관계가 있는 것만으로는 족하지 않고 구성요건적 결과발생의 기회 또는 가능성을 증대시켜야 한다는 견해이다.[127]

---

125) 대법원 2009. 6. 11, 2009도1518.
126) 이재상, 497면; 이형국, 363면; 임웅, 461면.
127) 김일수/서보학, 650면; 박상기, 457면; 신동운, 638면; 이정원, 381면; 정성근/박광민, 583면.

2) 부정설

부정설은 방조행위가 정범의 실행행위를 용이하게 하면 족하고 그것이 정범의 실행행위에 대하여 원인이 될 필요는 없다고 하는 견해이다.[128] 촉진설이라고 한다. 그 이유로는 형법은 정범을 방조한 자를 종범으로 처벌하고, 정범에 의해 야기된 결과를 종범에게 귀속시킬 수 없으며 종범의 가벌성은 인과관계와 관계가 없다는 것을 든다.[129] 여기에는 방조행위는 결과발생의 위험성을 증대시킨 행위에 불과하다는 위험증대설과 종범을 위험범으로 보는 위험범설도 속한다.

3) 검토

종범은 정범의 실행행위를 촉진시키거나 용이하게 할 때 성립하므로 방조행위와 정범의 실행행위 사이에는 인과관계가 존재하여야 한다. 다만 이 경우의 인과관계는 정범의 결과발생에 대한 원인이 되었을 필요는 없고 방조행위가 정범의 범행을 촉진시키거나 용이하게 함으로써 정범의 실행행위 또는 구성요건적 결과발생에 기여하면 족하다고 해야 한다. 이와 같이 인과관계의 요건을 완화하는 경우에만 정신적 방조에 의하여 종범이 성립할 수 있다. 따라서 정범에게 범행도구를 제공하였으나 정범이 그 도구를 범행에 사용하지 않은 때에는 물질적 방조는 인정되지 않지만 범행도구의 제공으로 정범의 범죄결의를 강화했을 때에는 정신적 방조가 인정되어 종범이 성립한다.[130] 그러나 방조행위가 정범의 범행과 직접 관련이 없는 경우에는 종범이 성립하지 않는다. 예를 들면 간첩인 줄 알면서 간첩에게 숙식을 제공한 경우,[131] 무전기를 매몰하는 행위를 도와주는 경우,[132] 웨이타가 미성년자를 홀 출입구까지 안내한 경우[133]에는 종범이 성립하지 않는다.

---

128) Wessels/Beulke, § 13 Rn. 582.
129) 이재상, 496면.
130) Jescheck/Weigend, S. 694.
131) 대법원 1967. 1. 31, 66도1661; 1986. 2. 25, 85도2533.
132) 대법원 1986. 2. 25, 85도2533.
133) 대법원 1984. 8. 21, 84도781.

(4) 종범의 고의

1) 이중의 고의

종범에게는 이중의 고의가 있어야 한다. 정범의 범죄를 방조한다는 것에 대한 인식, 즉 방조의 고의와 정범의 행위가 구성요건에 해당한다는 것에 대한 인식, 즉 정범의 고의가 그것이다.[134] 방조의 의사를 요하므로 과실에 의한 방조는 성립할 여지가 없다. 이 경우 과실범이 성립할 뿐이다.[135] 종범에 있어서 정범의 고의는 정범이 실현할 구체적 내용을 인식할 것을 요하지 않고 미필적 인식 또는 예견으로도 족하다.[136] 그러므로 정범이 실현하는 범죄의 본질적 요소에 대한 인식으로 족하다. 종범은 정범의 범죄 일시, 장소, 객체 등을 구체적으로 인식할 것을 요하지 않는다. 또 정범이 누구인지 확정적으로 인식할 필요도 없다.[137]

ㅁ 판례(대법원 2010. 3. 25, 2008도4228)

형법상 방조행위는 정범이 범행을 한다는 정을 알면서 그 실행행위를 용이하게 하는 직접, 간접의 모든 행위를 가리키는 것으로서 그 방조는 정범의 실행행위 중에 이를 방조하는 경우뿐만 아니라, 실행 착수 전에 장래의 실행행위를 예상하고 이를 용이하게 하는 행위를 하여 방조한 경우에도 성립한다. 그리고 방조범은 정범의 실행을 방조한다는 이른바 방조의 고의와 정범의 행위가 구성요건에 해당하는 행위인 점에 대한 정범의 고의가 있어야 하나, 이와 같은 고의는 내심적 사실이므로 피고인이 이를 부정하는 경우에는 사물의 성질상 고의와 상당한 관련성이 있는 간접사실을 증명하는 방법에 의하여 입증할 수밖에 없고, 이 때 무엇이 상당한 관련성이 있는 간접사실에 해당할 것인가는 정상적인 경험칙에 바탕을 두고 치밀한 관찰력이나 분석력에 의하여 사실의 연결상태를 합리적으로 판단하는 외에 다른 방법이 없다고 할 것이며, 또한 방조범에 있어서 정범의 고의는 정범에 의하여 실현되는 범죄의 구체적 내용을 인식할 것을 요하는 것은 아니고 미필적 인식 또는 예견으로 족하다

---

134) 대법원 2005. 4. 29, 2003도6056; 2003. 4. 8, 2003도382.

135) Jescheck/Weigend, S. 695.

136) 대법원 2010. 3. 25, 2008도4228; 2010. 2. 25, 2008도4844; 2010. 1. 14, 2009도9963; 2005. 4. 29, 2003도6056.

137) 대법원 2007. 12. 14, 2005도872.

2) 기수의 고의

종범의 고의는 기수의 고의, 즉 구성요건의 실현에 대한 고의이다. 따라서 미수에 그치게 할 의사로 방조한 미수의 방조나 정범의 범죄를 실현할 수 없는 방조는 방조행위에 해당하지 않는다.

종범과 정범 사이에 의사의 합치가 있을 필요가 없으므로 정범이 방조행위를 인식하지 못하는 편면적 종범도 인정될 수 있다.[138] 이러한 점에서 종범은 편면적 공동정범을 인정하지 않는 공동정범과 다르다.

2. 정범의 실행행위

종범이 성립하기 위해서는 정범의 실행행위가 있어야 한다(종범의 종속성). 정범의 실행행위는 구성요건에 해당하고 위법할 것을 요하고 책임이 있을 필요는 없다. 정범의 범죄는 고의범이어야 한다. 과실범에 대한 방조는 인정되지 않고 간접정범이 성립할 수 있을 뿐이다. 정범의 행위는 기수에 이르거나 적어도 처벌되는 미수가 되어야 한다. 형법은 교사범의 경우와는 달리 실패한 방조와 효과 없는 방조, 즉 종범의 미수를 처벌하는 규정을 두고 있지 않다. 따라서 방조의 미수를 예비·음모에 준하여 처벌할 수 없다. 정범의 행위가 예비에 불과한 경우에 예비의 종범은 성립할 수 없다.[139]

판례는 정범이 변호사법위반 행위를 하려 한다는 정을 알면서 피해자를 정범에게 소개하고 교섭한 경우,[140] 증권회사의 직원들이 부정 인출한 주식을 관리 운용하여 준 경우,[141] 시위 직전에 주동자로부터 지시를 받고 시위현장 사진촬영행위를 한 경우,[142] 자동차운전면허가 없는 자에게 승용차를 제공하여 그로 하여금 무면허운전을 하게 한 경우,[143] 보호자의 간청

---

138) 대법원 1974. 5. 28, 74도509.
139) 대법원 1976. 5. 25, 75도1549; 1978. 2. 28, 77도3406; 1979. 11. 27, 79도2201.
140) 대법원 1982. 9. 14, 80도2566.
141) 대법원 1995. 9. 29, 95도456.
142) 대법원 1997. 1. 24, 96도2427.

으로 담당의사가 치료를 요하는 환자에 대하여 치료중단 및 퇴원을 허용하는 조치를 취하는 경우,[144] 은행으로부터 금원을 편취하겠다는 제의를 받은 다음 은행의 우편물에 대하여 답변하지 않는 방법으로 묵인해 줄 것을 승낙하고 자기가 근무하는 회사의 인감증명서를 정범에게 교부해준 경우[145]에 종범이 성립한다고 판시한다.

III. 종범의 처벌

종범의 형은 정범의 형보다 감경한다(형법 제32조 제2항). 형법이 종범을 필요적 감경사유로 규정한 이유는 종범이 정범의 범죄를 촉진시키고 결과에 대하여 간접적으로 영향을 미치는 것에 지나지 않기 때문에 종범의 불법내용이 정범의 그것보다 적고 따라서 종범의 책임도 정범의 그것보다 가볍기 때문이다.

정범의 행위가 미수에 그친 경우에는 종범은 이중으로 형이 감경될 수 있다. 종범의 미수는 임의적(형법 제25조 제2항) 또는 필요적(형법 제26조)으로 형이 감경되고 종범의 형은 필요적으로 감경되기 때문이다. 형법은 특별한 경우에 종범을 정범과 동일한 형으로 처벌하는 규정을 두고 있다. 예를 들면 간첩방조(형법 제98조 제1항), 관세법위반(관세법 제271조 제1항) 등이 여기에 해당한다.

자기의 지휘·감독을 받는 자를 방조하여 범죄행위의 결과를 발생하게 한 특수방조는 정범의 형으로 처벌한다(형법 제34조 제2항). 종범은 공범이므로 신분 없는 자도 진정신분범의 종범이 될 수 있다. 부진정신분범의 경우에는 비신분자는 기본범죄의 종범이 된다. 종범은 공동정범 또는 교사범과 보충관계에 있다. 따라서 종범이 공동의 범죄결의로 실행행위를 분담하거나 정범을 교사한 경우에는 공동정범 또는 교사범만이 성립한다.

143) 대법원 2000. 8. 18, 2000도191.
144) 대법원 2004. 6. 24, 2002도995.
145) 대법원 2007. 4. 27, 2007도1303.

IV. 관련문제

1. 종범의 착오

종범의 착오란 종범이 인식한 것과 정범의 실행행위가 일치하지 않는 경우를 말한다. 종범의 착오에 대해서는 교사범의 착오에 관한 이론이 그대로 적용된다.

따라서 정범이 종범의 고의를 양적으로 초과한 때에는 초과부분에 대하여는 종범은 책임이 없다.[146] 다만 결과적 가중범의 경우에는 중한 결과를 예견할 수 있었을 경우에만 결과적 가중범의 종범이 성립할 수 있다. 교사범의 경우와는 달리 종범에 있어서는 실패한 방조와 효과 없는 방조가 처벌되지 않으므로 정범의 질적 초과인 경우에는 종범이 성립하지 않는다. 정범이 종범의 고의보다 적게 실현한 경우에는 종범은 정범이 실행한 범위 내에서 책임을 진다.

> ㅁ 판례(대법원 1985. 2. 26, 84도2987)
>
> 방조자의 인식과 정범의 실행 간에 착오가 있고 양자의 구성요건을 달리한 경우에는 원칙적으로 방조자의 고의는 조각되는 것이나 그 구성요건이 중첩되는 부분이 있는 경우에는 그 중복되는 한도 내에서는 방조자의 죄책을 인정하여야 할 것이다.

2. 방조의 방조, 교사의 방조, 방조의 교사

(1) 방조의 방조

방조의 방조는 간접방조 또는 연쇄방조로서 종범에 해당한다. 간접방조나 연쇄방조가 정범의 범죄를 촉진시켰거나 용이하게 하였다면 방조와는

146) 대법원 1985. 2. 26, 84도2987.

차이가 없기 때문이다. 정범이 범행을 한다는 점을 알면서 방조한 이상 그 행위가 간접적이거나 직접적이거나를 가리지 않는다.[147]

(2) 교사의 방조

교사범을 방조한 경우에 종범이 성립할 수 있는가에 대하여 견해가 대립하고 있다. 이를 부정하는 견해도 있으나 교사범에 대한 방조를 정범에 대한 방조로 볼 수 있으므로 종범이 성립한다고 해야 한다.[148] 다만 기도된 방조를 처벌하는 규정이 없으므로 종범이 성립하기 위해서는 정범이 실행에 착수하여야 한다. 따라서 기도된 교사에 대한 방조는 처벌할 수 없다.[149]

(3) 방조의 교사

방조행위를 교사한 경우에도 종범이 성립한다고 해야 한다. 방조에 대한 교사도 정범에 대한 방조로 볼 수 있기 때문이다.[150]

제 6 절 공범과 신분

I. 서설

신분자만이 행위주체가 될 수 있거나 일정한 신분이 가중 또는 감경의 사유가 되는 경우에 신분자와 비신분자가 가담한다면 어떻게 취급할 것인지가 공범과 신분의 문제이다. 형법 제33조는 "신분관계로 인하여 성립될

---

147) 대법원 1977. 9. 28, 76도4133.
148) 김일수/서보학, 653면; 박상기, 459면; 배종대, 656면; 성낙현, 646면; 이재상, 501면; 임웅, 465면; 정성근/박광민, 583면.
149) 배종대, 656면; 이재상, 501면.
150) 김일수/서보학, 653면; 박상기, 459면; 배종대, 656면; 성낙현, 646면; 이재상, 501면; 임웅, 465면; 정성근/박광민, 583면.

범죄에 가공한 행위는 신분관계가 없는 자에게도 전 3조의 규정을 적용한다, 단 신분관계로 인하여 형의 경중이 있는 경우에는 중한 형으로 처벌하지 아니한다"고 규정하고 있다. 따라서 예를 들면 공무원을 교사하여 뇌물을 받도록 한 비신분자는 수뢰죄의 교사범이 되고, 자신의 직계존속을 살해하도록 비신분자를 교사한 직계비속은 존속살해죄의 교사범이 되지만 비신분자는 보통살인죄의 정범이 된다.

II. 신분의 의의 및 종류

1. 신분의 의의

신분범(Sonderdelikte)이란 신분이 범죄의 성립이나 형의 가감에 영향을 미치는 범죄를 말한다. 판례에 의하면 신분이란 남녀의 성별, 내·외국인의 구별, 친족관계, 공무원인 자격과 같은 관계뿐만 아니라 널리 일정한 범죄행위에 관련된 범인의 인적 관계인 특수한 지위 또는 상태를 지칭한다.[151] 독일 형법 제28조는 신분을 특수한 인적 요소로 규정하고 있다. 특별한 인적 요소는 특별한 인적 성질, 관계 및 상태를 의미한다. 인적 성질은 성별·연령·국적·심신장애 등과 같은 사람의 정신적·육체적·법적 본질요소이고, 인적 관계는 공무원·의사·친족관계 등과 같은 사람의 사회적 지위나 관계이며, 인적 상태는 그 밖의 특별한 인적 요소로서 영업성·상습성 등과 같은 것을 의미한다.[152]

여기의 신분은 행위자와 관련된 인적 요소이어야 한다. 따라서 고의 또는 목적 등과 같은 행위와 관련된 인적 요소는 누구나 행할 수 있는 행위불법을 표시하므로 신분에 해당하지 않는다. 이에 대해서는 일반적 종속성의 원칙이 적용된다. 신분은 계속성을 가질 필요가 없으므로 일시적인 것도 인정된다.

---

151) 대법원 1994. 12. 23, 93도1002.
152) Schönke/Schröder/Cramer/Heine, § 28 Rn. 12ff.

판례는 모해위증죄의 경우에 모해할 목적은 형법 제33조 단서의 신분관계로 인하여 형의 경중이 있는 경우에 해당한다고 하여 모해할 목적으로 정범을 교사한 이상 정범에게 모해의 목적이 없다고 하더라도 교사자를 모해위증죄로 처벌할 수 있다고 판시한다.[153] 그러나 모해의 목적은 행위와 관련된 인적 요소로서 신분에 해당하지 않는다고 해야 한다.

2. 신분의 종류

(1) 구성적 신분

구성적 신분이란 일정한 신분이 범죄의 구성요건이 되는 경우를 말한다. 진정신분범의 신분이 여기에 해당한다. 예를 들면 수뢰죄(형법 제129조)의 공무원 또는 중재인, 위증죄(형법 제152조)의 증인, 횡령죄(형법 제355조 제1항)의 보관자, 배임죄(형법 제355조 제2항)의 타인의 사무를 처리하는 자 등이 그것이다. 신분 없는 자는 진정신분범의 주체가 될 수 없다.

(2) 가감적 신분

가감적 신분이란 범죄의 성립과는 상관없이 형을 가중 또는 감경시키는 신분을 말한다. 부진정신분범의 신분이 여기에 속한다. 예를 들면 존속살해죄(형법 제250조 제2항)의 직계비속 · 업무상 횡령죄(형법 제356조 제1항)의 업무상의 지위 등이 가중적 신분이고, 영아살해죄(형법 제251조)의 직계존속은 감경적 신분에 속한다.

(3) 소극적 신분

소극적 신분이란 범죄의 성립이나 형벌을 배제하는 신분을 말한다. 소극적 신분은 불구성적 신분, 책임조각신분 및 형벌조각신분으로 나뉜다. 의료법위반에서의 의사, 변호사법위반에서의 변호사가 불구성적 신분이고,

---

153) 대법원 1994. 12. 23, 93도1002.

14세 미만의 형사미성년자(형법 제9조), 강요된 자(형법 제12조)가 책임조각신분이며, 친족상도례(형법 제328조)에서의 친족의 신분은 형벌조각신분에 해당한다.

(4) 실질적 분류설

신분을 그 법적 성질에 따라 위법신분과 책임신분으로 구별하자는 이론을 실질적 분류설이라고 한다.[154] 위법신분은 정범행위의 법익침해를 구성하거나 조각하는 기능을 하는 신분이고 구성적 신분이든 가감적 신분이든 불문하고, 책임신분은 행위자의 비난에 관계되는 신분이고 구성적 신분이든 가감적 신분이든 묻지 않는다. 오스트리아 형법 제14조가 이러한 분류 방법을 채택하고 있다.

실질적 분류설에 대해서는 위법신분과 책임신분의 구별이 명확하지 않으며 위법신분과 책임신분으로 구별하는 것은 형법 제33조의 규정에 일치할 수 없다는 비판이 가해진다.[155]

III. 형법 제33조의 해석

1. 형법 제33조 본문의 해석

형법 제33조 본문은 "신분관계로 인하여 성립되는 범죄에 가공한 행위는 신분관계가 없는 자에게도 전 3조의 규정을 적용한다"고 규정하고 있다. 이는 비신분자도 신분자와 함께 신분범에 가담할 수 있다는 것을 의미한다.

(1) 신분관계로 인하여 성립되는 범죄의 의미

신분관계로 인하여 성립되는 범죄는 진정신분범만을 의미하는지 아니면 진정신분범뿐만 아니라 부진정신분범도 포함하는지가 논란이 된다. 이에 대해서는 진정신분범설과 진정신분범·부진정신분범포함설이 대립하고 있다.

154) 임웅, 468면; ,정성근/박광민, 590면.
155) 김일수/서보학, 659면; 배종대, 660면; 성낙현, 652면; 이재상, 504면.

1) 진정신분범설

진정신분범설은 본문의 신분관계로 인하여 성립되는 범죄는 진정신분범만을 의미한다고 하는 견해이다. 예를 들면 비신분자가 신분자를 교사하여 부진정신분범을 범한 경우에는 비신분자는 기본범죄의 교사범이 된다고 한다. 그 이유로는 부진정신분범의 신분은 범죄의 성립과 상관없고 형의 가감에만 영향을 미칠 뿐이고, 형법 제33조 단서에 별도로 규정되어 있다는 것을 든다.[156] 우리나라의 다수설이다. 이 견해가 오늘날 판례가 취하는 입장이다.[157]

> **ㅁ 판례(대법원 1989. 10. 10, 87도1901)**
>
> 면의 예산과는 별도로 면장이 면민들로부터 모금하여 그 개인명으로 예금하여 보관하고 있던 체육대회성금의 업무상 점유보관자는 면장뿐이므로 면의 총무계장이 면장과 공모하여 업무상횡령죄를 저질렀다 하여도 업무상 보관책임 있는 신분관계가 없는 총무계장에 대하여는 형법 제33조 단서에 의하여 형법 제355조 제2항에 따라 처단하여야 한다.

2) 진정신분범 · 부진정신분범설

진정신분범 · 부진정신분범설은 본문의 신분관계로 인하여 성립되는 범죄에는 진정신분범뿐 아니라 부진정신분범도 포함된다고 하는 견해이다.[158] 이에 의하면 본문은 진정신분범 · 부진정신분범을 불문하고 공범성립에 관한 규정이고 단서는 부진정신분범의 과형에 관한 규정이라는 것이다. 따라서 비신분자가 부진정신분범에 가담한 경우에는 본문에 의하여 부진정신분범의 공범이 되고 단서에 의하여 처벌된다고 한다. 그 이유는 진정신분범설에 따를 경우에는 부진정신분범에 대해서는 공범성립의 근거규정이 없게

---

156) 박상기, 467면; 배종대, 662면; 유기천, 305면; 이재상, 505면; 이정원, 366면; 이형국, 390면; 임웅, 472면; 정성근/박광민, 597면.

157) 대법원 1997. 12. 26, 97도2609; 1989. 10. 10, 87도1901; 1986. 10. 28, 86도1517.

158) 신동운, 649면; 진계호, 564면.

되고, 형법 제33조 단서는 부진정신분범의 과형만을 규정하고 있는 것이 명백하므로 본문을 진정신분범에만 적용할 근거가 없다는 것을 든다. 예를 들면 처가 아들을 교사하여 그의 아버지를 살해하도록 한 경우에 직계비속이 아닌 처는 존속살해죄의 교사범이 되지만 단서에 의하여 보통살인죄의 교사범으로 처벌된다는 것이다. 이 견해가 종전의 판례가 취하는 입장이다.[159)]

진정신분범 · 부진정신분범설에 대해서는 부진정신분범은 신분관계로 성립되는 범죄가 아니라는 비판이 가해진다.

3) 검토

두 견해의 결론은 같으므로 다툼의 실익은 별로 크지 않다고 본다. 다만 결론에 이르는 과정에서 양자 사이에 차이가 있다. 위의 예에서 진정신분범 · 부진정신분범설은 비신분자인 처를 존속살해죄의 교사범으로 보고 단서에 의하여 보통살인죄로 처벌하는 데 반하여 진정신분범설은 비신분자를 곧바로 보통살인죄의 교사범으로 처벌하고 있다. 진정신분범설이 타당하다고 생각한다.

(2) "전 3조를 적용할 수 있다"의 의미

1) 공동정범 · 교사범 · 종범

형법 제33조의 전 3조란 공동정범(형법 제30조), 교사범(형법 제31조) 및 종범(형법 제32조)를 말한다. 따라서 비신분자가 진정신분범에 가담한 경우에 비신분자는 진정신분범의 공동정범, 교사범 또는 종범이 될 수 있다. 협의의 공범(교사범이나 종범)에 대해서는 정범적격이 요구되지 않으므로 형법 제33조의 규정과 상관없이 비신분자는 진정신분범의 교사범이나 종범이 될 수 있다. 그러나 진정신분범의 경우에는 공동정범은 정범으로서 정범적격(신분)이 있어야 하므로 비신분자는 본래 진정신분범의 단독정범은 물론 공동

---

159) 대법원 1961. 8. 2, 4294형상284; 1961. 12. 28, 4294형상564; 1989. 10. 10, 87도1901.

정범도 될 수 없다. 형법은 비신분자가 신분자의 범죄에 가담하는 경우에 진정신분범의 공동정범이 될 수 있다고 명시적으로 규정하고 있다. 예를 들면 공무원 아닌 자가 공무원과 공모하여 그 공무원의 직무와 관련된 뇌물을 수수한 때에는 공무원 아닌 자도 수뢰죄의 공동정범으로 처벌된다.

2) 간접정범

전 3조에는 형법 제34조의 간접정범도 포함되는지에 대하여는 견해가 대립하고 있다. 긍정설은 형법 제34조가 간접정범을 공범의 예에 의하여 처벌한다고 규정하고 있기 때문에 간접정범에도 제33조가 적용되어 비신분자도 진정신분범의 간접정범이 될 수 있다고 한다.[160] 이에 대하여 부정설은 형법 제33조는 비신분자가 신분자와 함께 진정신분범의 공동정범이 될 수 있다는 것을 규정한 데 불과하고 단독으로 진정신분범의 정범이 될 수 있다는 취지는 아니므로 전 3조에는 간접정범은 포함되지 않는다고 한다.[161] 부정설이 타당하다고 생각한다. 비신분자가 진정신분범의 공동정범이 될 수 있다고 규정한 제33조는 진정신분범에 있어서 정범은 정범적격이 있어야 한다는 정범의 본질에 반하므로 삭제되어야 한다는 비판을 고려하면 부정설이 설득력이 있다.

(3) 신분자가 비신분자에게 가공한 경우

형법 제33조 본문은 비신분자가 신분자의 범죄에 가담한 경우에 적용된다. 문제는 신분자가 비신분자의 범죄에 가담한 경우에 대해서도 제33조 본문의 규정을 적용할 수 있는지에 있다. 예를 들면 공무원이 공무원 아닌 자를 교사하여 뇌물을 수수하게 한 경우에 공무원은 수뢰죄의 교사범이 될 수 있는가가 여기에 해당한다. 비신분자는 진정신분범의 행위주체가 될 수 없으므로 비신분자의 행위는 구성요건에 해당하지 않는다. 따라서 신분자가 비신분자를 교사하여 진정신분범을 범한 경우에는 처벌되지 않는 자를

160) 유기천, 135면.
161) 김일수/서보학, 660면; 박상기, 466면; 배종대, 663면; 성낙현, 658면; 이재상, 507면; 이형국, 371면; 임웅, 474면; 정성근/박광민, 598면.

도구로 이용한 경우에 해당하므로 간접정범이 성립하고 본문은 이 경우에 대해서는 적용되지 않는다고 해야 한다.[162)]

2. 형법 제33조 단서의 해석

형법 제33조 단서는 "신분관계로 인하여 형의 경중이 있는 때에는 중한 형으로 벌하지 아니한다"고 하여 부진정신분범의 과형을 규정하고 있다. 즉 부진정신분범에 있어서 비신분자가 신분자의 범죄에 가담한 경우에 비신분자를 중한 형으로 벌할 수 없다는 것이다. 이 규정의 적용대상은 공동정범, 교사범 및 종범이다.

(1) 비신분자가 신분자에게 가공한 경우

1) 가중적 신분과 공범

예를 들면 비신분자가 신분자의 존속살해죄에 가담한 경우에 비신분자는 존속살해죄가 아니라 보통살인죄의 공동정범, 교사범 또는 종범이 된다(진정신분범설).

2) 감경적 신분과 공범

감경적 신분의 경우에도 단서가 적용될 수 있는가가 문제된다. 예를 들면 친모의 영아살해죄에 가담한 비신분자가 영아살해죄의 공범이 될 수 있는지가 그것이다. 비신분자를 "중한 형으로 벌하지 않는다"에 대한 해석에 의하면 영아살해죄의 공범을 인정해야 할 것이다. 그러나 단서는 공범 각자는 자기 책임에 따라 처벌된다는 책임의 개별화원칙을 규정하는 것이므로 신분자에 대해서만 적용되고 비신분자는 보통살인죄의 공범이 된다고 해야 한다.[163)]

---

162) 김일수/서보학, 661면; 박상기, 468면; 배종대, 663면; 성낙현, 657면; 이재상, 507면; 이정원, 390면; 이형국, 371면; 임웅, 474면; 정성근/박광민, 599면.

163) 김일수/서보학, 661면; 박상기, 470면; 배종대, 664면; 성낙현, 658면; 이재상, 510면; 이정원, 395면; 임웅, 477면; 정성근/박광민, 601면.

(2) 신분자가 비신분자에게 가공한 경우

신분자가 비신분자의 범죄에 가담한 경우에도 형법 제33조 단서가 적용된다고 해야 한다.[164] 예를 들면 A가 B를 교사하여 자신의 아버지를 살해하도록 한 경우에 A는 단서의 규정에 의하여 존속살해죄의 교사범이 되고 비신분자인 B는 보통살인죄의 정범이 된다.

IV. 소극적 신분과 공범

형법 제33조는 구성적 신분과 가감적 신분만을 규정하고 있을 뿐이고 신분이 범죄의 성립이나 형벌을 조각하는 소극적 신분에 관한 규정은 형법에 없다. 따라서 소극적 신분의 경우에 공범의 성립을 인정할 것인가가 문제된다.

1. 불구성적 공범

비신분자가 불구성적 신분 있는 자의 범죄에 가담한 경우에는 신분자의 행위는 범죄에 해당하지 아니하므로 비신분자의 공범도 성립하지 않는다. 이와는 달리 신분자가 비신분자의 범죄에 가담한 때에는 제33조 본문의 취지에 따라 그 범죄의 공동정범,[165] 교사범 또는 종범이 된다.

□ 판례(대법원 2001. 11. 30, 2001도2015)

의료인이 의료인이나 의료법인 아닌 자의 의료기관 개설행위에 공모하여 가공하면 의료법 제66조 제3호, 제30조 제2항 위반죄의 공동정범에 해당된다.

---

164) 김일수/서보학, 662면; 박상기, 470면; 배종대, 664면; 성낙현, 659면; 이재상, 510면; 이정원, 395면; 임웅, 477면; 정성근/박광민, 601면.

165) 대법원 2001. 11. 30, 2001도2015; 1986. 2. 11, 85도448.

그러나 필요적 공범의 경우에는 형법총칙상의 공범에 관한 규정이 적용되지 않으므로 비신분자의 범죄에 가담한 신분자를 공범으로 처벌할 수 없다.[166]

□ 판례(대법원 2004. 10. 28, 2004도3994)

변호사 아닌 자가 변호사를 고용하여 법률사무소를 개설·운영하는 행위에 있어서는 변호사 아닌 자는 변호사를 고용하고 변호사는 변호사 아닌 자에게 고용된다는 서로 대향적인 행위의 존재가 반드시 필요하고, 나아가 변호사 아닌 자에게 고용된 변호사가 고용의 취지에 따라 법률사무소의 개설·운영에 어느 정도 관여할 것도 당연히 예상되는바, 이와 같이 변호사가 변호사 아닌 자에게 고용되어 법률사무소의 개설·운영에 관여하는 행위는 위 범죄가 성립하는 데 당연히 예상될 뿐만 아니라 범죄의 성립에 없어서는 아니 되는 것인데도 이를 처벌하는 규정이 없는 이상, 그 입법 취지에 비추어 볼 때 변호사 아닌 자에게 고용되어 법률사무소의 개설·운영에 관여한 변호사의 행위가 일반적인 형법총칙상의 공모, 교사 또는 방조에 해당된다고 하더라도 변호사를 변호사 아닌 자의 공범으로서 처벌할 수는 없다.

2. 책임조각신분과 형벌조각신분

비신분자가 책임 또는 형벌조각신분 있는 자의 범죄에 가담한 경우에 신분자는 책임 또는 형벌이 조각되지만 비신분자는 그 범죄의 공동정범, 교사범 또는 종범이 된다. 반대로 책임 또는 형벌조각신분 있는 자가 비신분자의 범죄에 가담한 때에는 비신분자는 그 범죄의 정범이 되지만 신분자는 책임 또는 형벌이 조각되어 처벌되지 않는다.

3. 입법론적 검토

① 형법 제33조 단서가 "중한 형으로 벌하지 아니한다"고 규정한 것은

166) 대법원 2004. 10. 28, 2004도3994; 2001. 12. 28, 2001도5158.

부진정신분범에 있어서 비신분자는 항상 경한 형으로 처벌된다는 해석을 가능하게 하므로 형의 가중·감경·조각사유는 신분 있는 자에게만 적용된다고 하는 것이 타당하다.[167)]

② 비신분자가 신분자와 함께 진정신분범을 범하는 경우에 비신분자를 진정신분범의 공동정범으로 보는 것은 타당하지 않다. 진정신분범의 보호법익은 신분자만이 침해할 수 있기 때문이다. 이 경우에 비신분자는 교사범이나 종범으로 처벌될 수 있다. 진정신분범에 있어서 비신분자의 교사범이나 종범은 공범의 성질에 의하여 당연히 인정되는 것이므로 비신분자의 공동정범을 인정하지 않는 경우에는 형법 제33조의 본문을 삭제하는 것이 바람직하다.

167) 배종대, 666면.

제 2 편

특수한 범죄형태

제 1 장 과실범

제 1 절 과실범이론

I. 과실의 의의와 종류

1. 과실의 의의

과실이란 사회생활에서 요구되는 주의의무를 위반하여 구성요건적 결과를 발생하게 하는 행위를 말한다. 형법은 과실을 "정상의 주의를 태만히 함으로써 죄의 성립요소인 사실을 인식하지 못한 행위"로 정의하고 있다(형법 제14조).

과실행위는 고의행위와 함께 형법상의 행위에 포함된다. 그러나 고의는 구성요건적 결과발생을 인식·의욕하는 행위임에 반하여 과실은 적극적으로 인식·의욕하지 않았음에도 불구하고 주의의무를 위반하여 구성요건적 결과를 발생하게 하는 행위라는 점에서 과실의 불법과 책임내용은 고의의 그것에 비하여 낮다. 그러므로 언제나 처벌되는 고의와는 달리 과실은 형법에 처벌규정이 있는 경우에만 예외적으로 처벌된다(형법 제14조).

형법은 실화죄(형법 제170조), 과실폭발성물건파열죄(형법 제173조의2), 과실일수죄(형법 제181조), 과실교통방해죄(형법 제189조), 과실치사상죄(형법 제266조, 제267조, 제268조), 과실장물취득죄(형법 제364조) 등의 과실범규정을 두고 있다.

2. 과실의 종류

(1) 인식 있는 과실과 인식 없는 과실

인식 있는 과실이란 구성요건적 결과발생의 가능성을 인식하였으나 주의의무를 위반하여 발생하지 않을 것으로 믿은 경우를 말한다. 이에 대하여 인식 없는 과실이란 구성요건적 결과발생을 인식할 수 있음에도 불구하고 주의의무를 위반하여 그것을 인식하지 못한 경우를 말한다. 예를 들면 술취한 운전자가 자신의 운전능력을 믿고 운전하다가 피해자를 치여 사망에 이르게 한 경우가 인식 있는 과실에 해당하고, 자동차에 결함이 있는지 알지 못하고 운전하다 피해자를 치여 사망에 이르게 한 경우는 인식 없는 과실에 속한다. 형법 제14조가 과실을 "죄의 성립요소인 사실을 인식하지 못한 행위"라고 하여 인식 없는 과실만을 규정하고 있는 것은 잘못이다.

인식 있는 과실과 인식 없는 과실은 불법내용에 있어서 차이가 없으므로 형법은 양자를 구별하지 않고 하나의 과실로 본다. 양자의 구별은 인식 있는 과실과 미필적 고의를 구별하여 고의의 한계를 정할 수 있다는 데 특별한 의의가 있을 뿐이다.

(2) 일반과실 · 업무상 과실 · 중과실

형법은 일반과실, 업무상 과실 및 중과실을 구별하고 있다. 업무상과실이나 중과실은 과실보다 무겁게 처벌된다. 업무상과실은 업무상 요구되는 주의의무를 위반하는 경우이고, 여기서 업무란 사람이 사회생활상의 지위에 기해서 계속적으로 행하는 사무를 말한다. 업무상과실이 일반과실보다 무겁게 처벌되는 이유에 대해서는 주의의무는 동일하지만 예견의무가 다르기 때문이라는 견해,[1] 업무자에게는 일반인에 비하여 무거운 주의의무가 과하여지기 때문이라는 견해[2] 및 주의의무는 동일하지만 업무자의 예견가능성이 크기 때문이라는 견해[3]가 대립하고 있다. 업무자와 일반인의 주의의무는 동일하지만 예견의무가 다르기 때문에 업무자는 일반인에 비하여 무겁게 처벌된다고 하는 견해가 타당하다.

중과실이란 주의의무를 경솔하게 또는 현저히 위반하는 경우, 즉 약간의 주의를 기울였더라면 결과발생을 예견하거나 회피할 수 있었음에도 불구하

1) 배종대, 670면; 이재상, 184면.
2) 임웅, 486면.
3) 정성근/박광민, 422면.

고 부주의로 이를 예견하거나 회피하지 못한 경우를 말한다. 예를 들면 불이 붙어 있는 담배꽁초를 휴지가 들어 있는 휴지통에 버린 경우가 여기에 해당한다. 중과실도 일반과실에 비하여 무겁게 처벌된다. 중과실이 인정되는지 여부는 사회통념을 고려하여 판단한다.[4] 형법상 중과실죄로는 중실화(형법 제171조)·중과실교통방해죄(형법 제189조)·중과실치사상(형법 제268조)·중과실장물취득죄(형법 제364조)를 들 수 있다.

ㅁ 판례(대법원 1997. 4. 22, 97도538)

피고인이 84세 여자 노인과 11세의 여자 아이를 상대로 안수기도를 함에 있어서 그들을 바닥에 반드시 눕혀 놓고 기도를 한 후 "마귀야 물러가라", "왜 안 나가느냐"는 등 큰 소리를 치면서 한 손 또는 두 손으로 그들의 배와 가슴 부분을 세게 때리고 누르는 등의 행위를 여자 노인에게는 약 20분간, 여자아이에게는 약 30분간 반복하여 그들을 사망케 한 사안에서, 고령의 여자 노인이나 나이 어린 연약한 여자아이들은 약간의 물리력을 가하더라도 골절이나 타박상을 당하기 쉽고, 더욱이 배나 가슴 등에 그와 같은 상처가 생기면 치명적 결과가 올 수 있다는 것은 피고인 정도의 연령이나 경험 지식을 가진 사람으로서는 약간의 주의만 하더라도 쉽게 예견할 수 있음에도 그러한 결과에 대하여 주의를 다하지 않아 사람을 죽음으로까지 이르게 한 행위는 중대한 과실에 해당한다.

II. 과실범의 체계적 지위

1. 책임요소설

인과적 행위론에 의하여 주장된 책임요소설은 과실을 고의와 함께 책임요소로 본다. 따라서 과실범의 구성요건으로는 구성요건적 결과발생 및 행위와 결과 사이의 인과관계가 있을 뿐이다. 그러나 책임요소설에 대해서는 결과발생과 인과관계만으로 구성요건해당성과 위법성을 인정하는 것은 타당하지 않고, 불법은 객관적 요소와 주관적 요소로 구성된다는 점을 간과

4) 대법원 1989. 10. 13, 89도204.

하였다는 비판이 제기된다. 예를 들면 운전자가 주의를 기울여서 자동차를 운전하고 가던 중 피해자가 갑자기 자동차 앞으로 뛰어 들어 급제동을 했음에도 불구하고 피해자를 사망에 이르게 한 경우에도 위법성을 인정하는 것은 타당하지 않다. 경험상 법익을 침해할 수 있는 모든 행위를 금지할 수는 없는 것이다.

2. 구성요건요소설

목적적 행위론은 과실을 고의와 함께 구성요건요소로 본다. 불법은 결과반가치뿐만 아니라 행위반가치로 구성되고 행위반가치는 고의 이외에 과실, 즉 주의의무위반을 내용으로 한다고 한다. 따라서 주의의무위반은 과실범의 구성요건에 해당하고 구성요건에 해당하는 행위는 위법한 것으로 추정되므로 위법성의 요소도 된다는 것이다.

3. 이중지위설

사회적 행위론은 과실은 구성요건요소임과 동시에 책임요소가 된다고 한다. 이에 의하면 과실을 객관적 주의의무위반과 주관적 주의의무위반으로 구별하여 전자는 구성요건요소이고, 후자는 책임요소가 된다고 한다. 객관적 주의의무란 일반인에게 요구되는 주의의무를 말하고, 주관적 주의의무란 행위자의 개인적 능력에 따라 행위자에게 인정된 주의의무를 말한다.[5] 이중지위설이 다수설이다.[6]

4. 검토

구성요건요소설이 타당하다고 생각한다. 행위자가 결과발생을 예견할 수 있음에도 불구하고 예견하지 못하였거나 결과발생을 예견하였으나 이를 회

---

5) 이재상, 187면; 임웅, 483면.
6) 김성천/김형준, 162면; 김일수/서보학, 470면; 배종대, 674면; 신동운, 228면; 유기천, 165면; 이재상, 187면; 이형국, 375면; 임웅, 483면; 정성근/박광민, 419면.

피하지 못한 경우에 과실이 인정되는데 책임단계에서 행위자의 개인적 능력 때문에 주관적 주의의무위반을 부정하여 과실범이 성립하지 않는다고 할 때에는 과실범이 성립하는 경우가 거의 없게 되기 때문이다. 또 과실은 행위의 주관적 요소로서 과실범의 불법을 구성하는 요소이므로 불법이 성립하면 과실을 책임요소로서 다시 고려할 필요는 없다.

III. 과실범의 성립요건

1. 과실범의 구성요건

과실범의 구성요건으로는 구성요건적 결과발생, 주의의무위반(과실) 및 인과관계가 있다.

(1) 구성요건적 결과발생

과실범의 구성요건을 실현하기 위해서는 구성요건적 결과가 발생하여야 한다. 행위자가 주의의무를 위반하였다고 하더라도 결과가 발생하지 않은 때에는 과실범이 성립하지 않는다. 따라서 과실범은 결과범이어야 한다.

(2) 인과관계

과실행위와 결과발생 사이에 인과관계가 있어야 한다. 따라서 과실이 있고 결과가 발생하였다고 하더라도 결과가 주의의무위반에 의하여 발생한 것이 아닌 때에는 과실범의 구성요건은 실현되지 않는다. 과실행위와 결과발생 사이의 인과관계는 객관적 귀속의 전제조건에 해당하므로 조건설, 상당인과관계설 또는 합법칙적 조건설에 따라 확정된다.

(3) 객관적 귀속

1) 주의의무위반연관성

과실범에 있어서 객관적 귀속은 행위자가 주의를 기울였다면 구성요건적 결과발생을 회피할 수 있었을 때 인정된다.[7] 즉 주의의무위반에 의하여 구성요건적 결과가 발생하여야 한다. 따라서 행위자가 주의의무를 위반하여 구성요건적 결과를 발생시켰으나 주의를 기울였다고 하더라도 같은 결과가 발생하였을 것이라고 인정되는 때에는 객관적 귀속이 부정된다. 이를 주의의무위반연관성이라고 한다.[8] 예를 들면 주의의무를 위반하여 운전하던 운전자가 갑자기 차도로 뛰어든 사람을 치여 사망에 이르게 하였지만 주의를 기울였다고 하더라도 동일한 결과가 발생하였을 경우에는 객관적 귀속이 부정된다.

□ 판례(대법원 2007. 10. 26, 2005도8852)

선행 교통사고와 후행 교통사고 중 어느 쪽이 원인이 되어 피해자가 사망에 이르게 되었는지 밝혀지지 않은 경우 후행 교통사고를 일으킨 사람의 과실과 피해자의 사망 사이에 인과관계가 인정되기 위해서는 후행 교통사고를 일으킨 사람이 주의의무를 게을리 하지 않았다면 피해자가 사망에 이르지 않았을 것이라는 사실이 증명되어야 한다.

2) 규범의 보호목적연관성

규범의 보호목적연관성이란 구성요건적 결과는 주의의무위반에 의하여 침해된 규범의 보호목적 내에서 발생하여야 한다는 것을 의미한다. 침해된 규범의 목적이 주의의무위반을 금지하여 결과발생을 방지하는 것이어야 한다. 예를 들면 운전자가 면허 없는 사람에게 자동차를 빌려 주어 이 사람이 운전하다가 사고를 낸 경우에 사고가 운전 미숙 때문이 아니라 음주운전 때문에 일어난 것인 때에는 결과는 규범의 보호목적 내에서 발생한 것이 아니므로 객관적 귀속이 부정된다.[9]

---

7) 대법원 2007. 10. 26, 2005도8852; 1996. 11. 8, 95도2710.
8) 박상기, 284면; 이재상, 195면; 임웅, 501면.
9) 이재상, 197면; 임웅, 503면; Schönke/Schröder/Cramer/Sternberg-Lieben, § 15 Rn.174.

□ 판례(대법원 1974. 7. 23, 74도778)

운전수가 불의의 발병으로 자동차를 운전할 수 없게 되자 동승한 운전경험이 있는 차주가 운전하다가 사고를 일으킨 경우에 차주의 운전상의 과실행위에 운전수와의 상호간의 의사연락이 있었다고 보거나 운전행위를 저지하지 않은 원인행위가 차주의 운전상의 부주의로 인한 결과발생에 까지 미친다고 볼 수 없다.

2. 주의의무위반

(1) 주의의무의 의의

주의의무란 구성요건적 결과를 예견하고 그 결과발생을 회피해야 할 의무를 말한다. 즉 법익침해에 대한 위험을 인식하고 법익침해를 방지하기 위하여 적절한 방어조치를 취할 의무가 그것이다. 따라서 주의의무는 예견의무와 회피의무를 포함한다.

(2) 주의의무의 판단기준

주의의무를 위반하였는지를 판단하는 기준이 무엇인가에 대해서는 견해가 대립하고 있다. 객관설과 주관설이 그것이다.

1) 객관설

객관설은 주의의무위반을 통찰력 있는 일반인 또는 평균인을 기준으로 판단하여야 한다고 한다(평균인표준설).[10] 주의의무위반은 사회생활에서 요구되는 주의의 태만을 의미하기 때문이라고 한다. 이 견해는 행위자가 속한 집단의 신중하고 사려깊은 사람이 행위자의 사정에서 결과를 예견하고 그 결과발생을 회피할 수 있었는지를 묻는다. 따라서 일반인을 초과하는 행위자의 주의능력은 고려할 필요가 없고 평균인에 미달하는 주의능력

10) Jescheck/Weigend, S.578.

을 가진 자는 평균인 수준의 주의를 기울여야 한다.[11] 객관설이 통설[12]과 판례[13]의 입장이다.

2) 주관설

주관설은 주의의무위반을 행위자의 주의능력에 따라 판단하여야 한다고 한다(행위자표준설). 그 이유는 법규범은 개인에게 불가능한 것을 요구할 수 없고 개인의 주의능력에 비추어 가능한 주의의무를 부과하여야 하기 때문이다. 따라서 평균인을 초과하는 능력을 가진 자는 자신의 능력에 따라 가능한 주의의무를 이행하여야 한다.

3) 검토

객관설이 타당하다고 생각한다. 법률이 개인에게 요구하는 것은 누구에게나 같은 것이어야 하고 개인에 따라 달라질 수 없기 때문이다. 이 경우에도 행위자가 특별한 지식을 가지고 있는 때에는 이를 고려하여야 한다. 예를 들면 자동차 운전자가 교통사고가 빈번히 발생하는 장소를 알고 있는 경우가 여기에 해당한다. 그러나 행위자의 특별능력은 책임영역에 속하므로 여기에서는 고려될 수 없다.

ㅁ 판례(대법원 2011. 9. 8, 2009도13959)

의료사고에 있어서 의사의 과실을 인정하기 위해서는 의사가 결과 발생을 예견할 수 있었음에도 불구하고 그 결과 발생을 예견하지 못하였고, 그 결과 발생을 회피할 수 있었음에도 불구하고 그 결과 발생을 회피하지 못한 과실이 검토되어야 하고, 그 과실의 유무를 판단함에는 같은 업무와 직무에 종사하는 일반적 보통인의 주의정도를 표준으로 하여야 하며, 이에는 사고 당시의 일반적인 의학의 수준과 의료환경 및 조건, 의료행위의 특수성 등이 고려되어야 한다.

---

11) 김일수/서보학, 446면; 성낙현, 405면; 임웅, 491면.
12) 김성천/김형준, 169면; 김일수/서보학, 451면; 박상기, 277면; 배종대, 682면; 성낙현, 406면; 유기천, 170면; 이재상, 189면; 이정원, 379면; 이형국, 379면; 임웅, 495면; 정성근/박광민, 425면.
13) 대법원 2011. 9. 8, 2009도13959; 2011. 4. 14, 2010도1010; 2003. 1. 10, 2001도3292; 2001. 6. 1, 99도5086.

(3) 허용된 위험(Erlaubtes Risiko)

사회적으로 허용된 많은 행위에 있어서 법익에 대한 위험을 완전히 제거하는 것은 불가능하다. 일정한 정도의 위험은 일상생활의 정상적인 조건에 해당한다. 따라서 법익을 침해할 수 있는 모든 행위가 금지되는 것이 아니라 일정한 범위에서 위험이 허용된다. 이를 허용된 위험이라고 한다. 따라서 허용된 위험이란 경험상 법익을 침해할 수 있는 위험이라고 하더라도 금지할 수 없는 것을 말한다. 인간이 기술문명의 혜택을 누리기 위해서는 일정한 위험을 일정한 요건 아래 허용하지 않으면 안 된다. 예를 들면 자동차는 사람의 생명, 신체 또는 재산권을 침해할 수 있는 위험한 물건이지만 교통규칙을 준수하는 것을 조건으로 허용되는 것이다. 허용된 위험이론은 비행기, 선박, 공장, 건물, 가스 또는 유류저장시설, 탄광, 원자력발전소 등에도 적용된다. 따라서 주의를 기울였음에도 불구하고 구성요건적 결과가 발생한 때에는 과실범이 성립하지 않는다.

허용된 위험의 법적 성격이 무엇인가에 대하여는 구성요건해당성조각사유설과 위법성조각사유설이 대립하고 있다. 구성요건해당성조각사유설은 허용된 위험을 구성요건해당성조각사유로 본다.[14] 그 이유는 허용된 위험은 사회적으로 상당한 것으로서 사회에서 요구되는 주의의무의 기준을 제시하기 때문이라고 한다. 반면 위법성조각사유설은 허용된 위험을 위법성을 조각하는 사유로 보는 견해이다.

생각건대 행위자가 주의를 기울였음에도 불구하고 구성요건적 결과가 발생한 경우에는 주의의무위반이 성립하지 않으므로 결과를 야기한 행위는 과실범의 구성요건에 해당하지 않는다. 따라서 구성요건해당성조각사유설이 타당하다.

---

14) 김일수/서보학, 455면; 이재상, 190면; 이정원, 407면; 임웅, 496면.

(4) 신뢰의 원칙

1) 신뢰원칙의 의의

신뢰의 원칙이란 스스로 교통규칙을 준수하는 운전자는 다른 교통참여자들도 교통규칙을 준수하리라는 것을 신뢰하면 족하고, 그가 교통규칙을 위반할 것까지를 예견하여 이에 대한 조치를 강구하여야 할 주의의무는 없다는 원칙을 말한다.[15] 신뢰의 원칙은 1935년에 도로교통분야에 독일법원에 의하여 처음으로 도입되었고 1966년 일본판례는 물론 1957년 우리나라 판례에 의하여 채택되었다. 신뢰의 원칙은 원래 도로교통에서 적용되었으나 의료행위 등의 위험한 분업적 공동작업에도 확대·적용되고 있다. 이 원칙은 주의의무의 범위를 제한하는 기능이 있다. 대법원은 신뢰의 원칙을 자동차와 자동차의 관계에서 무제한 적용하고 있으나 자동차와 보행자의 관계에서는 제한적으로 인정하고 있다.

2) 신뢰의 원칙이 적용되는 경우

(가) 자동차와 자동차의 관계에서 신호등의 표시에 따라서 직진한 차량의 운전자는 다른 차량이 신호를 위반하여 좌회전할 경우까지 예상하여야 할 주의의무는 없고[16], 반대 방향에서 운행하여 오는 차량이 중앙선을 침범하여 진입할 것까지 예견하고 감속 등의 조치를 취해야 할 주의의무는 없으며[17], 우선통행권을 가진 차량은 상대차량이 대기할 것이라고 신뢰하면 족하고[18], 상대차량이 정지신호를 무시하고 계속 질주하여 올 것을 예견하고 이에 대한 조치를 기대할 수는 없다.[19]

---

15) 김일수/서보학, 456면; 박상기, 286면; 배종대, 689면; 성낙현, 409면; 이재상, 190면; 임웅, 497면.
16) 대법원 1985. 1. 22, 84도1493.
17) 대법원 1982. 4. 13, 81도2720.
18) 대법원 1983. 8. 23, 83도1288.
19) 대법원 1983. 2. 22, 82도3071.

□ 판례(대법원 1995. 5. 12, 95도512)

차선이 설치된 도로의 중앙선은 서로 반대방향으로 운행하는 차선이 접속하는 경계선에 다름 아니어서 차선을 운행하는 운전자로서는 특단의 사정이 없는 한 반대차선 내에 있는 차량은 이 경계선을 넘어 들어오지 않을 것으로 신뢰하여 운행하는 것이므로, 부득이한 사유가 없는데도 고의로 이러한 경계선인 중앙선을 넘어 들어가 침범당한 차선의 차량운행자의 신뢰에 어긋난 운행을 함으로써 사고를 일으켰다면 교통사고처리특례법 제3조 제2항 단서 제2호가 정한 처벌특례의 예외규정인 중앙선침범사고에 해당한다.

□ 판례(대법원 1993. 2. 23, 92도2077)

차량의 운전자로서는 횡단보도의 신호가 적색인 상태에서 반대차선 상에 정지하여 있는 차량의 뒤로 보행자가 건너오지 않을 것이라고 신뢰하는 것이 당연하고 그렇지 아니할 사태까지 예상하여 그에 대한 주의의무를 다하여야 한다고는 할 수 없다.

(나) 자동차와 보행자의 관계에서는 직진하는 차량의 운전사는 횡단보도의 신호가 적색인 상태에서 반대차선 상에 정지하여 있는 차량의 뒤로 보행자가 횡단보도를 건너오지 않을 것이라고 신뢰하는 것은 당연하고 그렇지 아니할 사태까지 예상하여 그에 대한 주의의무를 다하여야 한다고 할 수 없고[20], 고속도로에서 무단 횡단자가 있을 것을 예상하여 감속하는 등의 조치를 취해야 할 주의의무는 없으며[21], 육교 밑을 무단 횡단하는 보행자에 대하여 육교를 이용하여 횡단할 것을 신뢰하여 운행하면 족하다.[22]

(다) 자동차와 자전거의 관계에서 자전거출입이 금지된 자동차전용도로에 자전거를 탄 사람이 나타날 것을 예상할 수 없고[23], 야간에 등을 켜지 않은 자전거를 타고 차도를 횡단하는 것을 예상할 주의의무는 없다.[24]

20) 대법원 1987. 9. 8, 87도1322.
21) 대법원 1977. 6. 28, 77도403.
22) 대법원 1985. 9. 10, 84도1572.
23) 대법원 1980. 8. 12. 80도1446.

(라) 도로교통 이외에서는 외과수술에 있어서 의사는 함께 참여한 다른 의사의 주의의무를 신뢰하고, 또한 간호사가 건네주는 수술도구가 수술에 적합한 것으로 신뢰해도 무방하다.[25] 수차에 걸쳐서 흥겹게 술을 마시고 놀았던 일행이 갑자기 러시아 룰렛게임을 하여 사망의 결과가 발생하리라는 것을 예상할 주의의무는 없다.[26]

3) 신뢰의 원칙의 적용제한

신뢰의 원칙이 적용될 수 있기 위해서는 다른 교통관여자가 교통규칙을 준수할 것이라고 신뢰할 수 있어야 한다. 따라서 이러한 신뢰를 기대할 수 없는 특별한 사정이 있는 경우에는 신뢰의 원칙은 적용될 수 없다. 다음과 같은 경우에는 신뢰의 원칙이 적용될 수 없다.

(가) 상대방의 규칙위반을 인식한 경우

상대방이 음주운전을 하거나 고속도로를 무단횡단하거나[27] 중앙선을 침범하는[28] 등 교통규칙을 위반한 때에는 상대방의 교통규칙준수를 신뢰할 수 없으므로 신뢰의 원칙이 적용되지 않는다.

(나) 운전자 스스로 규칙을 위반하는 경우

운전자가 스스로 교통규칙을 위반한 때에는 신뢰의 원칙이 적용되지 않는다. 예를 들면 스스로 과속운전하면서 급제동 등의 조치를 취하지 못한 운전자는 상대방이 중앙선을 침범하였다는 것을 이유로 신뢰의 원칙을 주장할 수 없다.

(다) 상대방이 규칙을 준수할 것이라고 신뢰할 수 없는 경우

상대방이 교통규칙을 알지 못하거나 알 수 없는 때에는 신뢰의 원칙이 적용될 수 없다. 예를 들면 노인, 어린이, 장애인, 술 취한 자 등과 같이

24) 대법원 1984. 9. 25, 84도1695.
25) 대법원 2003. 1. 10, 2001도3292; 2003. 8. 19, 2001도3667.
26) 대법원 1992. 3. 10, 91도3172.
27) 대법원 1981. 3. 24, 80도3305.
28) 대법원 1986. 2. 25, 85도2651.

교통규칙의 준수를 기대할 수 없는 자에 대해서도 신뢰의 원칙을 주장할 수 없다. 사고가 빈번히 일어나는 장소에서도 신뢰의 원칙의 적용은 제한된다. 예를 들면 버스정류장, 초등학교 또는 유치원 앞에서 운전자는 주의를 기울여야 한다.

3. 과실범의 위법성

고의범과 같이 과실범에 있어서도 구성요건에 해당하는 행위의 위법성은 추정된다. 그러나 그 위법성은 위법성조각사유(정당행위, 정당방위, 긴급피난, 피해자의 승낙)에 의하여 조각될 수 있다.

(1) 경찰관이 자동차를 타고 도주하는 강도범을 체포하기 위해 타이어에 총을 발사하였으나 과실로 강도범에 명중하여 사망에 이르게 한 경우에는 정당행위에 의하여 위법성이 조각된다.

(2) 경찰관이 흉기들 들고 저항하는 범인을 체포하기 위해 그의 어깨를 권총의 손잡이로 가격하였는데 그 충격으로 발사된 탄환이 범인에게 맞아 사망한 경우에는 정당방위에 의하여 위법성이 조각된다.

(3) 구급차의 운전자가 중환자의 생명을 구하기 위하여 구급차를 과속으로 운전하다가 사고를 내어 보행자를 다치게 한 경우에는 긴급피난에 의하여 위법성이 조각된다.

(4) 격투기를 하다가 상대방에게 과실로 부상을 입힌 경우에는 피해자의 승낙에 의하여 위법성이 조각된다.

과실범의 위법성조각사유는 주관적 정당화요소를 요하는가에 대해서는 긍정설[29]과 부정설[30]이 대립하고 있다.

생각건대 고의범과 마찬가지로 과실범에 있어서도 주관적 정당화요소는

29) 김일수/서보학, 462면; 이정원, 413면; 임웅, 505면.
30) 박상기, 289면; 배종대, 694면; 성낙현, 420면; 이재상, 198면; 진계호, 270면.

행위반가치를 상쇄하는 기능을 한다. 그러나 과실범에 있어서 객관적 정당화요소가 존재하는 때에는 결과반가치가 없어진다. 이 경우에 행위자는 과실범으로 처벌될 수 없다. 주관적 정당화요소의 결여로 행위반가치만 있는 경우에 과실범의 미수는 처벌되지 않으므로 긍정설과 부정설은 동일한 결론에 이른다. 따라서 과실범의 위법성조각사유에 있어서 주관적 정당화요소는 필요하지 않다.

4. 과실범의 책임

고의범과 마찬가지로 과실범에 있어서도 책임은 구성요건에 해당하고 위법한 행위에 대한 비난가능성을 뜻한다. 그러나 과실책임의 요소는 부분적으로 고의범과는 다르다. 과실은 주관적 구성요건요소이므로 과실책임의 요소는 책임능력, 위법성인식 및 기대가능성이다.

(1) 책임능력

과실범에서의 책임능력은 고의범에서의 책임능력과 다르지 않다. 책임능력은 불법을 인식하고 이에 따라 결정할 수 있는 능력을 뜻한다. 형사미성년자나 심신상실자는 책임능력이 없으며 심신미약자에게는 한정책임능력이 인정된다. 책임무능력자도 구성요건의 실현을 예견하고 객관적인 주의의무를 위반할 수 있다. 과실범에서도 불법구성요건이 실현되면 책임무능력자는 보안처분에 처할 수 있다.

(2) 위법성인식

과실범의 책임도 위법성인식과 금지착오의 회피능성을 전제로 한다. 여기서 위법성인식이란 행위와 결합된 위험을 실제로 인식하였거나 인식할 수 있었던 경우를 말한다. 위험의 인식은 행위의 불법을 인식할 수 있는 근거가 된다. 회피할 수 없는 위법성착오는 책임을 조각한다. 따라서 금지착오에 관한 규정(형법 제16조)은 과실범에 대해서도 적용되어야 한다.

(3) 기대가능성

과실책임을 묻기 위해서는 행위당시의 구체적 사정에 비추어 행위자에게서 주의의무의 이행을 기대할 수 있어야 한다. 따라서 기대가능성이 없는 경우에는 책임이 조각된다. 과실범의 불법내용은 낮기 때문에 과실범에서의 기대불가능성은 고의작위범에 비하여 폭넓게 인정되는 책임조각사유에 속한다. 이익충돌의 경우에 행위자가 자신의 이익을 우선으로 하는 때에도 책임이 조각될 수 있다. 따라서 고의범에서는 면책적 긴급피난의 요건이 될 수 없는 위난이 책임을 조각할 수 있다.[31]

(4) 인수책임

행위자가 객관적 주의의무를 이행할 능력이 없음에도 불구하고 행위를 하여 결과를 발생하게 한 때에는 과실책임이 인정된다. 이를 인수책임이라고 한다. 예를 들면 술에 취한 의사가 응급환자에 대한 수술이 곤란하다는 것을 인식했음에도 불구하고 수술하여 환자를 사망에 이르게 한 경우가 여기에 해당한다.

(5) 주관적 주의의무위반

통설은 주관적 주의의무위반도 특별한 책임요소에 해당한다고 한다.[32] 주관적 주의의무위반이란 행위자의 개인적 능력에 비추어 객관적 주의의무를 인식하고 이에 따라 주의를 다할 수 있었음에도 불구하고 주의를 다하지 않은 것을 말한다.[33] 행위자의 주의능력은 책임능력과 구별된다고 한다.[34] 개인적 주의능력은 객관적 주의의무에 대한 인식가능성과 결과발생의 회피가능성의 관점에서 행위자의 정신적·신체적 능력을 문제 삼는 것이고, 책임능력은 법과 불법을 변별하여 스스로 적법하게 의사를 결정하고

---

31) Stratenwerth, S.446.

32) 김일수/서보학, 465면; 박상기, 289면; 배종대, 695면; 성낙현, 421면; 손동권, 295면; 임웅, 506면; 정성근/박광민, 438면.

33) 임웅, 506면.

34) 임웅, 506면.

행동할 수 있는 능력을 문제 삼는다고 한다. 주관적 주의의무는 구성요건적 결과와 인과관계에 대한 예견가능성을 포함한다고 한다. 주관적 주의위무위반은 행위자를 판단기준으로 한다.

제 2 절 결과적 가중범

I. 서설

1. 결과적 가중범의 의의 및 종류

(1) 결과적 가중범의 의의

결과적 가중범이란 고의의 기본범죄를 범하여 이와 결합된 전형적인 위험이 실현되어 중한 결과가 발생한 때 형이 가중되는 범죄를 말한다. 결과적 가중범은 원칙적으로 기본범죄인 고의범과 과실범의 결합형태가 된다. 형법은 기본범죄를 고의범에 제한하고 있으므로 과실범에 대한 결과적 가중범은 인정되지 않는다. 형법 제15조 제2항은 "결과로 인하여 형이 중한 죄에서 그 결과발생을 예견할 수 없었을 때에는 중한 죄로 처벌하지 아니한다"고 하여 결과적 가중범을 규정하고 있다. 형법이 규정하고 있는 결과적 가중범은 상해치사죄(형법 제259조), 낙태치사상죄(형법 제269조 제3항, 제270조 제3항), 폭행치사상죄(형법 제262조), 유기치사상죄(형법 제275조), 체포감금치사상죄(형법 제281조), 강간치사상죄(형법 제301조), 강도치사상죄(형법 제337조, 제338조), 인질치사상죄(형법 제324조의3, 4), 현주건조물방화치사상죄(형법 제164조 제2항), 교통방해치사상죄(형법 제188조), 특수공무집행방해죄(형법 제144조 제2항) 등이다.

결과적 가중범이 과실범에 비하여 무겁게 처벌되는 이유는 행위자가 고의의 기본범죄를 실현함으로써 과실로 기본범죄와 결합되어 있는 전형적 위험을 실현하여 중한 결과를 야기하였다면 단순과실범을 초과하는 행위불법과 중한 결과불법이 있기 때문이다.[35] 예를 들면 폭행치사죄에 있어서 폭행을 가할 때 부주의로 폭행행위에 내포되어 있는 생명이나 신체에 대한 위험을 실현하여 사망을 발생케 하였기 때문에 단순과실범보다 중하게 처벌되는 것이다.

(2) 결과적 가중범의 종류

결과적 가중범은 진정결과적 가중범과 부진정 결과적 가중범으로 나뉜다. 진정결과적 가중범이란 고의의 기본범죄와 과실범이 결합한 경우를 말한다. 상해치사, 강간치사 등과 같이 ... 치사의 형식으로 되어 있는 범죄가 여기에 해당한다. 형법상의 대부분의 결과적 가중범은 진정결과적 가중범이다. 부진정결과적 가중범이란 고의의 기본범죄와 고의 또는 과실로 야기된 중한 결과가 결합한 경우를 말한다. 부진정결과적 가중범에는 현주건조물방화치사상죄(형법 제164조 제2항), 중상해죄(형법 제259조) 등이 있다. 교통방해치사죄(형법 제188조)와 특수공무집행방해치사죄(형법 제144조 제2항)를 부진정결과적 가중범으로 보는 견해[36]가 있으나 그 형이 무기 또는 5년의 징역으로서 살인죄의 형보다 경하므로 타당하다고 할 수 없다.[37]

부진정결과적 가중범을 인정할 것인가가 문제된다. 부정설[38]은 ① 양자를 구별할 실익이 없고, ② 고의범인 상해죄의 법정형이 상해죄에 대한 결과적 가중범의 그것보다 경하기 때문에 생기는 문제에 불과하다는 것을 이유로 부진정결과적 가중범을 부정한다. 반면 긍정설[39]은 ① 중한 결과를 예견할 수 있으면 결과적 가중범이 성립하는 것이므로 여기에 중한 결과에 대하여 고의가 있는 경우를 제외한다고 할 수 없으며, ② 현주건조물방화치사상죄에서와 같이 결과적 가중범이 고의의 결과범보다 더 중한 형의 단

35) Arth. Kaumann, Schuldprinzip, S.241f; Rudolphi, SK,18 Rn.1.
36) 김일수/서보학, 468면; 박상기, 292면; 배종대, 703면; 이재상, 202면.
37) 같은 견해로는 이정원, 391면.
38) 배종대, 705면; 정성근/박광민, 443면.
39) 김일수/서보학, 468면; 박상기, 292면; 신동운, 248면; 오영근, 239면; 이재상, 202면; 이형국, 391면; 임웅, 512면.

기를 가지고 있는 경우에 고의에 의한 결과발생을 결과적 가중범으로부터 제외시키는 것이 부당하기 때문에 부진적 결과적 가중범을 인정해야 한다고 한다. 판례도 긍정설의 입장을 취하고 있다.[40)]

생각건대 긍정설이 타당하다.[41)] 그 이유는 다음과 같다. ① 형법 제15조가 중한 결과발생을 예견할 수 있을 것을 규정하고 있고 고의범의 불법이 과실범에 비하여 더 중하므로 고의로 중한 결과를 야기하는 경우도 결과적 가중범에 포함된다. ② 일부 결과적 가중범은 단독의 고의범보다 무겁게 처벌되는데 이는 부진정결과적 가중범을 인정하지 않고서는 설명될 수 없다. 예를 들면 현주건조물방화치사죄를 살인죄의 형보다 중한 사형, 무기 또는 7년 이상의 징역으로 처벌하고 있다.

그러나 입법론적으로는 부진정결과적 가중범은 폐지되어야 한다. 고의의 기본범죄에 의하여 고의로 중한 결과를 발생시킨 경우에 고의의 결과범으로 처벌하거나 법익이 다른 경우에는 고의의 기본범죄와 고의의 결과범의 상상적 경합으로 처벌할 수 있기 때문이다.[42)]

□ 판례(대법원 2008. 11. 27, 2008도7311)

기본범죄를 통하여 고의로 중한 결과를 발생하게 한 경우에 가중 처벌하는 부진정결과적가중범에서, 고의로 중한 결과를 발생하게 한 행위가 별도의 구성요건에 해당하고 그 고의범에 대하여 결과적가중범에 정한 형보다 더 무겁게 처벌하는 규정이 있는 경우에는 그 고의범과 결과적가중범이 상상적 경합관계에 있지만, 위와 같이 고의범에 대하여 더 무겁게 처벌하는 규정이 없는 경우에는 결과적가중범이 고의범에 대하여 특별관계에 있으므로 결과적가중범만 성립하고 이와 법조경합의 관계에 있는 고의범에 대하여는 별도로 죄를 구성하지 않는다.

40) 대법원 2008. 11. 27, 2008도7311; 1996. 4. 26, 96도485.
41) 김선복, 결과적 가중범의 미수, 비교형사법연구(1999), 101면.
42) 김선복, 앞의 논문, 102면.

□ 판례(대법원 1996. 4. 26, 96도485)

형법 제164조 후단이 규정하는 현주건조물방화치사상죄는 그 전단이 규정하는 죄에 대한 일종의 가중처벌 규정으로서 과실이 있는 경우뿐만 아니라, 고의가 있는 경우에도 포함된다고 볼 것이므로 사람을 살해할 목적으로 현주건조물에 방화하여 사망에 이르게 한 경우에는 현주건조물방화치사죄로 의율하여야 하고 이와 더불어 살인죄와의 상상적 경합범으로 의율할 것은 아니며, 다만 존속살인죄와 현주건조물방화치사죄는 상상적 경합범 관계에 있으므로 법정형이 중한 존속살인죄로 의율함이 타당하다.

2. 결과적 가중범과 책임주의

결과적 가중범은 기본범죄인 고의범과 과실범의 상상적 경합에 비하여 지나치게 무겁게 처벌된다. 따라서 결과적 가중범을 가중하여 처벌하는 것이 타당한가가 문제된다. 결과적 가중범을 부정하는 견해는 결과적 가중범의 형벌은 책임원칙에 반하므로 폐지하고 상상적 경합(스위스 형법 제68조와 같이 실체적 경합범과 동일한 형으로 처벌할 것을 전제로 함)으로 처벌해야 한다고 한다.[43] 이와는 달리 결과적 가중범의 형벌이 지나치게 무거우므로 결과적 가중범이 책임주의에 일치하기 위해서는 중한 결과에 대하여 중과실을 요구하거나 직접성의 원칙을 적용하여 그 성립범위를 제한해야 한다는 견해도 있다.[44]

생각건대 입법론적으로는 스위스 형법 제68조와 같이 상상적 경합을 실체적 경합과 같이 가장 중한 죄에 정한 장기 또는 다액의 2분1을 가중하여 처벌하고 결과적 가중범을 폐지하는 것이 타당하다. 그러나 당장 결과적 가중범의 폐지를 기대할 수 없다면 직접성의 원칙을 적용하여 결과적 가중범의 성립범위를 제한하고 그 형벌을 책임에 맞게 낮추어야 한다. 여기서 직접성의 원칙이란 중한 결과는 기본범죄인 고의범의 전형적인 위험의 실

43) M. Schubart, Das Problem der erfolgsqualifizierten Delikte, ZStW 85, 775.
44) 김일수/서보학, 470면; 박상기, 293면; 배종대, 701면; 성낙현, 429면; 이재상, 201면.

현이어야 한다는 원칙, 즉 중한 결과는 범죄실행의 기회에 발생한 것이 아니라 범죄실행의 결과이어야 한다는 원칙을 말한다.

II. 결과적 가중범의 성립요건

1. 기본범죄의 실현

결과적 가중범은 고의의 기본범죄가 실현될 것을 전제로 한다. 여기서 기본범죄는 기수에 이른 경우뿐만 아니라 미수에 그친 경우도 포함한다. 예를 들면 강간하기 위해 폭행을 가하다가 피해자가 사망한 경우에도 결과적 가중범(미수)이 성립한다.

2. 중한 결과의 발생

결과적 가중범이 성립하기 위해서는 기본범죄에 의하여 중한 결과가 발생하여야 한다. 여기서 결과발생은 법익침해뿐 아니라 중상해죄(형법 제259조)와 같이 구체적 위험의 발생도 포함한다. 중한 결과란 기본범죄에 내포되어 있는 전형적인 위험의 실현을 말한다.

결과적 가중범은 중한 결과로 실현된 위험의 원인이 무엇인가에 따라 두 가지 경우로 나뉜다.[45] 먼저 결과발생의 위험이 기본범죄의 구성요건적 행위와 결합되어 있는 결과적 가중범을 들 수 있다. 강간치사상죄 또는 강도치사상죄 등이 여기에 해당한다. 이 경우에는 중한 결과가 기본범죄의 구성요건적 행위인 폭행과 결합되어 있는 위험이 실현된 것이다. 즉 결과가 기본범죄의 미수에 의하여 야기된 것이다. 예를 들면 강간범이 폭행을 가하여 피해자를 사망에 이르게 한 경우 강간미수에 의하여 사망의 결과가 초래된 것이다. 두 번째로는 중한 결과가 기본범죄의 기수에 의하여 야기된 결과적 가중범을 들 수 있다. 상해치사상죄, 중상해죄, 폭행치사상죄

45) Jescheck/Weigend, S.524f; Rudolphi, § 18 Rn.7; Schönke/Schröder/Cramer/Sternberg-Lieben, § 18 Rn.9.

등이 그것이다. 예를 들면 상해치사죄가 성립하기 위해서는 행위자가 상해죄를 범하여 피해자를 사망에 이르게 해야 한다. 즉 피해자의 사망은 상해의 결과이어야 한다.

3. 인과관계와 객관적 귀속

결과적 가중범도 중한 결과를 객관적 구성요건요소로 하는 결과범에 속하므로 기본범죄의 실현과 중한 결과 사이에 인과관계가 있어야 한다. 여기의 인과관계는 사실적 인과관계로서 객관적 귀속의 전제이므로 조건설, 합법칙적 조건설 또는 상당인과관계설에 의하여 확정될 수 있다.

기본범죄의 실현과 중한 결과 사이에 인과관계가 인정되더라도 기본범죄에 중한 결과를 귀속시킬 수 있을 때에만 결과적 가중범이 성립한다. 객관적 귀속의 판단기준은 직접성의 원칙이다. 따라서 기본범죄와 결합되어 있는 전형적인 위험이 중한 결과로 실현되었을 때 객관적 귀속은 인정된다. 그러나 중한 결과가 제3자의 행위나 피해자의 행위에 의하여 발생한 경우에는 결과적 가중범이 성립하지 않는다. 예를 들면 강간피해자가 자살하거나 폭행을 가하였으나 행위자가 알지 못한 피해자의 특이체질 때문에 사망한 경우에는 직접성이 인정되지 않는다.

판례는 폭행으로 고혈압 등의 지병이 악화되어 사망한 경우,[46] 폭행을 당하던 피해자가 폭행을 당하지 않으려고 창 밖으로 숨으려다가 실족하여 사망한 경우,[47] 아파트 안방에 감금된 피해자가 가혹행위를 피하려고 창문을 통하여 아파트 아래 잔디밭에 뛰어 내리다가 사망한 경우,[48] 폭행이나 협박을 가하여 강간하려 하자 이에 극도의 흥분을 느끼고 공포심에 사로잡혀 객실창문을 통해 탈출하려다가 추락하여 사망에 이르게 된 경우,[49] 상해행위를 피하려고 하다가 차량에 치어 사망한 경우,[50] 달리는 승용차에

---

46) 대법원 1983. 1. 18, 82도697.
47) 대법원 1990. 10. 16, 90도1786.
48) 대법원 1991. 10. 25, 91도2085.
49) 대법원 1995. 5. 12. 95도425.
50) 대법원 1996. 5. 10, 96도529.

태운 피해자를 차량에서 내리지 못하게 하자 피해자가 차량을 빠져 나오려다가 길바닥에 떨어져 사망한 경우,[51]피해자를 강제로 승용차에 태운 뒤 운전하여 가자 겁에 질린 피해자가 차에서 뛰어 내리다가 상해를 입은 경우[52]에 결과적 가중범을 인정한다.

4. 예견가능성

형법 제15조는 제2항은 중한 결과에 대한 예견가능성을 결과적 가중범의 구성요건으로 규정하고 있다. 통설은 중한 결과에 대한 예견가능성을 과실로 이해한다.[53] 회피의무와 함께 과실의 내용인 예견의무는 예견가능성을 전제로 하기 때문이다. 예견가능성은 구성요건요소인 객관적 예견가능성과 책임요소인 주관적 예견가능성을 의미한다는 견해[54]와 주관적 예견가능성을 의미한다는 견해[55]가 있으나 과실은 주관적 구성요건이므로 객관적 예견가능성이라고 해야 한다.

결과적 가중범에 있어서 중한 결과에 대한 과실이 있는지에 대한 판단시기는 기본범죄를 실행한 때이다. 따라서 강도가 재물을 강취한 후에 과실로 사망의 결과를 발생케 한 때에는 강도치사죄가 성립하지 않고 강도죄와 과실치사죄의 경합이 된다.

III. 관련문제

1. 결과적 가중범의 공동정범

과실범의 공동정범을 인정하는 견해는 중한 결과에 대하여 공동의 과실이 있는 때에는 결과적 가중범의 공동정범이 성립할 수 있다고 한다.[56] 판

51) 대법원 2000. 2. 11, 99도5286.
52) 대법원 2000. 5. 26. 2000도440.
53) 김일수/서보학, 473면; 박상기, 294면; 성낙현, 432면; 이재상, 205면; 임웅, 515면.
54) 신동운, 226면; 이재상, 205면; 임웅, 461면.
55) 배종대, 709면.
56) 이재상, 207면; 이형국, 394면; 정성근/박광민, 445면.

례는 기본범죄에 대한 공동의 의사가 있으면 결과적 가중범의 공동정범이 성립한다고 판시한다.[57] 그러나 공동의 범행의사를 성립요건으로 하는 공동정범은 고의범에 대해서만 가능하기 때문에 과실범의 공동정범은 인정될 수 없다. 따라서 고의범과 과실범이 결합한 결과적 가중범에 있어서는 과실로 발생한 중한 결과에 대하여 공동정범이 성립하지 않는다고 해야 한다. 즉 결과적 가중범의 공동정범은 인정되지 않는다. 이 경우에 고의의 기본범죄에 대해서는 공동정범이 성립하지만 과실범에 대해서는 기본범죄의 공범자 가운데 중한 결과에 대하여 과실이 있는 자만이 책임을 질뿐이다.[58]

ㅁ 판례(대법원 2000. 5. 12, 2000도745)

결과적 가중범인 상해치사죄의 공동정범은 폭행 기타의 신체침해 행위를 공동으로 할 의사가 있으면 성립되고 결과를 공동으로 할 의사는 필요 없으며, 여러 사람이 상해의 범의로 범행 중 한 사람이 중한 상해를 가하여 피해자가 사망에 이르게 된 경우 나머지 사람들은 사망의 결과를 예견할 수 없는 때가 아닌 한 상해치사의 죄책을 면할 수 없다.

ㅁ 판례(대법원 1984. 2. 14, 83도3120)

공동정범의 경우에 공모자 전원이 일정한 일시, 장소에 집합하여 모의하지 아니하고 공범자중 수인을 통하여 범의의 연락이 있고 그 범의내용에 대하여 포괄적 또는 개별적인 의사연락이나 그 인식이 있었다면 그들 전원이 공모관계에 있다 할 것이고, 이와 같이 공모한 후 공범자중의 1인이 설사 범죄실행에 직접 가담하지 아니하였다 하더라도 다른 공모자가 분담실행한 공모자가 실행한 행위에 대하여 공동정범의 책임이 있다 할 것이며 공범자중 수인이 강간의 기회에 상해의 결과를 야기하였다면 다른 공범자가 그 결과의 인식이 없었더라도 강간치상죄의 책임이 없다고 할 수 없다.

---

57) 대법원 2000. 5. 12, 2000도745; 1996. 12. 6, 96도2570; 1993. 3. 24, 93도1674; 1978. 1. 17, 77도2193.

58) 김일수/서보학, 476면; 박상기, 301면; 배종대, 712면; 성낙현, 433면; 임웅, 518면.

□ 판례(대법원 1991. 11. 12, 91도2156)

강도살인죄는 고의범이고 강도치사죄는 이른바 결과적가중범으로서 살인의 고의까지 요하는 것이 아니므로, 수인이 합동하여 강도를 한 경우 그 중 1인이 사람을 살해하는 행위를 하였다면 그 범인은 강도살인죄의 기수 또는 미수의 죄책을 지는 것이고 다른 공범자도 살해행위에 관한 고의의 공동이 있었으면 그 또한 강도살인죄의 기수 또는 미수의 죄책을 지는 것이 당연하다 하겠으나, 고의의 공동이 없었으면 피해자가 사망한 경우에는 강도치사의, 강도살인이 미수에 그치고 피해자가 상해만 입은 경우에는 강도상해 또는 치상의, 피해자가 아무런 상해를 입지 아니한 경우에는 강도의 죄책만 진다고 보아야 할 것이다.

2. 결과적 가중범의 교사 또는 방조

과실범에 대한 교사·방조는 불가능하지만 결과적 가중범의 공범이 성립할 수 있다고 본다. 이를 위해서는 기본범죄를 교사하거나 방조한 교사자 또는 방조자에게 중한 결과에 대한 과실이 있어야 한다.[59] 정범이 중한 결과에 대하여 고의 또는 과실이 있었는가는 중요하지 않다.

---

59) 김일수/서보학, 476면; 박상기, 304면; 배종대, 714면; 성낙현, 434면; 이재상, 207면; 임웅, 519면; 정성근/박광민, 450면.

제2장 부작위범

I. 부작위범의 의의와 종류

1. 부작위범의 의의

형법은 적극적인 행위에 의하여 일정한 결과를 발생시키는 것을 금지할 뿐 아니라 일정한 결과의 발생을 방지할 것을 명령한다. 즉 전자는 금지규범이고, 후자는 명령규범이다. 금지규범을 위반하는 것이 작위범임에 반하여, 명령규범을 위반하는 것은 부작위범에 해당한다.

형법상의 범죄는 대부분 작위범에 속하고 예외적으로 부작위범에 해당하는 범죄도 있다. 예를 들면 다중불해산죄(형법 제116조)나 퇴거불응죄(형법 제319조 제2항)가 여기에 해당한다. 이를 진정부작위범이라고 한다. 그러나 형법 제18조는 "위험발생을 방지할 의무가 있거나 자기 행위로 인하여 위험발생의 원인을 야기한 자가 그 위험발생을 방지하지 않은 때에는 그 발생된 결과로 처벌한다"고 하여 부작위범을 규정하고 있다. 즉 일정한 작위의무 있는 자가 의무를 이행하지 않아 작위범의 구성요건을 실현한 경우에 부작위범이 성립할 수 있다. 예를 들면 영아에게 젖을 주어야 할 의무가 있는 아이 엄마가 고의로 젖을 주지 않아 영아를 굶겨 죽게 한 때에는 부작위에 의한 살인죄가 성립할 수 있다. 이를 부진정부작위범이라고 한다.

부작위와 작위는 의사에 의하여 지배될 수 있는 인간의 행위이다. 그러나 부작위는 작위와 필연적으로 연관되어 있기 때문에 부작위 그 자체가 있는 것이 아니라 일정한 작위를 하지 않는 것(Unterlassung einer bestimmten Handlung)이 있을 뿐이다. 따라서 부작위는 소극적 개념이 아니라 한계개념에 속한다.[1] 부작위는 작위와 마찬가지로 형법적으로 의미 있는 행위, 즉 범죄행위에 속한다.

---

1) Welzel, S. 200.

2. 작위와 부작위 구별

부진정부작위범은 신분이나 행위의 동가치성 등과 같은 특별한 구성요건요소를 필요로 하기 때문에 부작위와 작위를 구별하는 것은 실익이 있다고 하겠다. 그러나 하나의 행위가 작위인지 또는 부작위인지를 구별하는 것이 쉽지 않은 경우가 있다. 예를 들면 물에 빠진 아이를 지나가던 행인이 구조하려고 하자 그 아이의 아버지가 구조를 방해한 경우에 아이를 구조해야 할 의무를 이행하지 않은 것은 부작위이고 행인의 구조행위를 방해한 것은 작위가 된다. 이에 대해서는 행위에 대한 사회적 의미의 중점을 기준으로 하는 견해,[2] 인과관계를 기준으로 하는 견해[3] 및 작위가 성립하지 않을 경우에만 부작위를 인정하는 보충성의 원칙을 기준으로 하는 견해[4]가 대립하고 있다.

작위가 성립하는 경우에는 보증인지위, 행위동가치성 또는 행위가능성 등과 같은 부작위의 특별한 구성요건요건을 검토할 필요가 없고, 부작위는 작위와 보충적 관계에 있기 때문에 보충성의 원칙을 기준으로 하는 견해가 타당하다고 생각한다. 판례도 같은 입장이다.[5]

---

2) 김일수/서보학, 480면; 이형국, 396면; 임웅, 521면; 정성근/박광민,455면.
3) 박상기, 306면.
4) 배종대, 725면; 상낙현, 445면; 이재상, 119면.
5) 대법원 2004. 6. 24, 2002도995; 1997. 2. 28, 96도2825; 1996. 5. 10, 96도51; 1993. 12. 24, 92도3334.

□ 판례(대법원 2004. 6. 24, 2002도995)

어떠한 범죄가 적극적 작위에 의하여 이루어질 수 있음은 물론 결과의 발생을 방지하지 아니하는 소극적 부작위에 의하여도 실현될 수 있는 경우에, 행위자가 자신의 신체적 활동이나 물리적·화학적 작용을 통하여 적극적으로 타인의 법익 상황을 악화시킴으로써 결국 그 타인의 법익을 침해하기에 이르렀다면, 이는 작위에 의한 범죄로 봄이 원칙이고, 작위에 의하여 악화된 법익 상황을 다시 되 돌이키지 아니한 점에 주목하여 이를 부작위범으로 볼 것은 아니며, 나아가 악화되기 이전의 법익 상황이, 그 행위자가 과거에 행한 또 다른 작위의 결과에 의하여 유지되고 있었다 하여 이와 달리 볼 이유가 없다.

□ 판례(법원 2006. 10. 19, 2005도3909)

경찰서 방범과장이 부하직원으로부터 음반·비디오물 및 게임물에 관한 법률 위반 혐의로 오락실을 단속하여 증거물로 오락기의 변조 기판을 압수하여 사무실에 보관중임을 보고받아 알고 있었음에도 그 직무상의 의무에 따라 위 압수물을 수사계에 인계하고 검찰에 송치하여 범죄 혐의의 입증에 사용하도록 하는 등의 적절한 조치를 취하지 않고, 오히려 부하직원에게 위와 같이 압수한 변조 기판을 돌려주라고 지시하여 오락실 업주에게 이를 돌려준 경우, 작위범인 증거인멸죄만이 성립하고 부작위범인 직무유기(거부)죄는 따로 성립하지 아니한다.

3. 부작위범의 종류

부작위범에는 진정부작위범과 부진정부작위범이 있다. 진정부작위범과 부진정부작위범의 구별기준에 대해서는 견해가 대립한다. 형식설과 실질설이 그것이다.

(1) 형식설

형식설은 형법에 규정되어 있는 부작위범을 진정부작위범이라고 하고, 작위범의 구성요건을 부작위에 의하여 실현하는 경우를 부진정부작위범이라고 한다.[6] 진정부작위범에는 다중불해산죄(형법 제116조) · 퇴거불응죄(형법 제319조 제2항) · 전시군수계약불이행죄(형법 103조 제1항) · 전시공수계약불이행죄(형법 제117조 제1항) 등이 속한다. 부진정부작위범은 예를 들면 아버지가 물에 빠진 자기의 아이를 구조하지 않아 익사시킨 경우이다. 형식설이 우리나라 통설이다.

(2) 실질설

실질설은 법률이 요구하는 일정한 행위를 하지 않은 것, 즉 부작위에 의하여 구성요건이 실현되는 경우를 진정부작위범이라고 하고, 결과를 방지하지 않음으로서 작위범의 구성요건이 실현되는 경우를 부진정부작위범이라고 한다.[7] 따라서 진정부작위범은 형식범이고 부진정부작위범은 결과범이 된다. 진정부작위범은 결과발생을 요하지 않으므로 형법에 특별한 규정이 있는 때에만 성립하는 반면, 부진정부작위범은 특별한 규정을 성립요건으로 하지 않는다.

(3) 검토

결과범의 불법은 형식범의 그것보다 높을 뿐만 아니라 부진정부작위범은 보증인지위에 있는 자에 의해서만 범해질 수 있고 형법 제18조가 부작위범을 결과범으로 처벌한다고 규정하고 있으므로 부진정부작위범을 결과범으로 보아야 한다. 따라서 실질설이 타당하다고 생각한다.

II. 부진정부작위범의 구성요건

단순한 부작위에 의해서 성립하는 진정부작위범의 구성요건은 형법각칙에 개별적으로 규정되어 있으므로 여기서는 부진정부작위범의 구성요건을 살펴보기로 한다.

---

6) 김성천/김형준, 197면; 배종대, 726면; 유기천, 117면; 이재상, 121면; 이형국, 397면; 임웅, 523면; 정성근/박광민, 453면; 진계호, 144면.
7) 박상기, 308면; 성낙현, 449면; 이정원, 430면; 조준현, 298면.

1. 객관적 구성요건

부진정부작위범의 객관적 구성요건은 구성요건적 상황과 결과의 발생, 부작위, 행위가능성, 인과관계와 객관적 귀속, 보증인지위, 부작위의 동가치성이다.

(1) 구성요건적 상황과 결과의 발생

부진정부작위범이 성립하기 위해서는 법률이 요구하는 행위를 해야 할 구성요건적 상황이 존재하여야 한다. 구성요건적 상황이란 결과발생 또는 법익침해의 위험을 말한다. 또 작위의무의 불이행으로 구성요건적 결과가 발생하여야 한다. 예를 들면 아버지가 물에 빠진 아들을 구조하지 않아 익사하게 한 경우에 구성요건적 상황은 아이가 물에 빠져 익사할 위험이고 결과의 발생은 구조의 의무를 이행하지 않아 익사한 것이다.

(2) 부작위

행위자가 구성요건적 상황이 있을 때 법률이 요구하는 행위를 하지 않아야 한다. 즉 작위의무를 이행하지 않을 것을 요한다. 따라서 작위의무를 이행하였음에도 불구하고 결과가 발생한 경우에는 부작위범이 성립하지 않는다. 이 경우에 행위자에게 과실이 있는 때에는 부작위에 의한 과실범이 성립할 수 있을 뿐이다.[8)]

(3) 행위가능성

행위가능성에는 일반적 행위가능성과 개별적 행위가능성이 있다. 법은 인간에게 불가능한 것을 명령할 수 없으므로 법률이 요구하는 행위는 일반인에게 가능한 것이어야 한다. 개별적 행위가능성은 행위자가 구성요건적 상황에서 법적으로 요구된 행위를 객관적으로 할 수 있다는 것을 말한다. 따라서 일반적 행위가능성은 부작위의 개념요소가 된다. 예를 들면 불치병

---

8) 김일수/서보학, 469면; 이재상, 122면.

을 치료하는 것은 누구에게나 불가능하므로 작위의무 있는 자가 치료행위를 하지 않더라도 부작위범의 문제는 일어나지 않는다. 그러나 행위자가 법률이 명령한 행위를 사실상 할 수 있었다는 개별적 행위가능성은 부작위범의 구성요건에 해당한다.[9] 집에서 멀리 떨어진 강물에 빠진 아들을 집에 있는 아버지는 구조할 수 없는 것이다.

(4) 인과관계와 객관적 귀속

부작위는 명령된 행위를 하지 않는 것으로서 직접 구성요건적 결과를 야기할 수 없다. 따라서 부진정부작위범에 있어서 인과관계는 자연적·사실적 인과관계가 아니라 명령된 행위를 하였더라면 결과발생을 방지할 수 있었는가의 문제이다. 부작위와 결과 사이의 인과관계는 작위의무를 이행하였더라면 결과발생을 방지할 수 있었을 것이라고 판단될 때 인정된다. 과실범과 같이 부작위범에 있어서 인과관계도 가설적 인과관계이다. 결과발생을 방지할 고도의 개연성이 인정되면 인과관계는 있다고 할 수 있다. 여기서 말하는 인과관계는 객관적 귀속을 포함하는 개념이다.

(5) 보증인지위

1) 의의

부진정부작위범은 작위범의 구성요건을 부작위에 의하여 실현하는 것으로서 부작위에 의한 작위범이라고 한다. 따라서 부진정부작위범은 작위범의 형으로 처벌된다. 예를 들면 고의로 갓난아이에게 젖을 주지 않아 굶겨 죽인 아이엄마는 부작위에 의하여 살인죄의 구성요건을 실현하였기 때문에 살인죄로 처벌된다. 부작위에 의한 작위범의 성립이 가능하기 위해서는 부작위를 작위와 같은 것으로 평가할 수 있어야 한다. 부진정부작위범은 결과발생을 방지할 의무가 있는 자가 결과발생방지의 의무를 이행하지 않음으로써 성립한다고 해야 한다. 여기서 결과발생을 방지해야 할 의무를 보증인의무라 하고 결과발생을 방지할 의무가 있는 자를 보증인이라고 한다.

---

9) 이재상, 122면.

보증인이 되는 지위를 보증인지위라고 한다. 부진정부작위범의 행위주체는 보증인지위가 있는 사람만이 될 수 있다. 형법 제18조도 "위험의 발생을 방지할 의무가 있거나 자기의 행위로 인하여 위험발생의 원인을 야기한 자가 그 위험발생을 방지하지 아니한 때에는 그 발생된 결과에 의하여 처벌한다"고 규정하고 있다. 따라서 부진정부작위범은 진정신분범에 속한다. 보증인지위를 인정하기 위해서는 ① 법익주체가 위험으로부터 자기 자신을 보호할 능력이 없고, ② 행위자는 위험으로부터 법익을 보호할 의무가 있으며, ③ 행위자가 법익침해를 야기하는 사태를 지배하고 있어야 한다.[10)]

2) 보증인지위의 체계적 지위

보증인지위와 보증인의무가 구성요건요소인지 또는 위법성요소인지에 대해서 견해가 대립하고 있다. 구성요건요소설, 위법성요소설 및 이분설이 그것이다.

(가) 구성요건요소설

구성요건요소설은 보증인지위를 부진정부작위범의 구성요건요소로 보는 견해이다. 이를 보증인설이라고도 한다. 그 이유로는 보증인의 부작위만이 작위와 같은 가치를 가질 수 있다는 것을 든다. 이 견해에 의하면 부진정부작위범은 보증인을 행위주체로 하는 진정신분범에해당한다.

그러나 구성요건요소설에 대해서는 보증인지위 이외에 보증인의무를 부진정부작위범의 구성요건요소로 파악하는 것은 타당하지 않다는 비판이 제기된다. 작위범에서는 법적 의무가 구성요건요소가 아님에도 불구하고 부작위범의 작위의무를 구성요건요소로 보는 것은 부당하기 때문이라고 한다.[11)]

(나) 위법성요소설

위법성요소설은 작위의무위반을 위법성요소로 파악하는 견해이다.[12)] 즉 결과발생을 방지할 의무가 있는 자가 작위의무를 이행하지 않았을 때 위법

10) 이재상, 124면; Rudolphi, § 13 Rn.22.
11) 배종대, 722면; 이재상, 126면.
12) 유기천, 120면.

하게 된다는 것이다. 그러나 이 견해에 대해서는 보증인지위에 있지 아니한 자의 부작위도 구성요건에 해당하게 되어 구성요건해당성의 범위가 지나치게 확대되고, 부진정부작위범에 있어서 부작위가 작위와 같은 가치를 가지는 이유는 작위의무 있는 자가 그 의무를 이행하지 않았다는 데 있으므로 보증인지위는 부진정부작위범의 구성요건요소라고 해야 하며, 부진정부작위범에 있어서만 구성요건해당성이 위법성을 징표하지 못한다고 하는 것은 범죄론의 체계에 일치하지 않는다는 비판이 가해진다.[13]

(다) 이분설

이분설은 보증인지위와 보증인의무를 구별하여 보증인지위는 구성요건요소이고 보증인의무는 위법성요소라고 하는 견해이다. 이 견해가 통설이다.[14] 따라서 보증인지위에 대한 착오는 구성요건착오이고 보증인의무에 대한 착오는 금지착오가 된다.

(라) 검토

보증인지위와 보증인의무를 구별하여 보증인의무를 위법성요소로 파악하는 이분설은 타당하다고 할 수 없다. 보증인은 보증인지위에 있는 자로서 보증인의무가 있는 자를 말한다. 즉 보증인의무는 부진정부작위범의 구성요건요소인 보증인과 보증인지위의 내용이 된다.[15] 예를 들면 공무원의 직무상범죄와 같은 의무범의 경우에 특별한 의무가 부과된 공무원은 행위주체로서 구성요건요소이고 그 의무는 공무원이라는 신분의 내용이 된다. 행위자는 자신이 결과발생을 방지해야 할 보증인지위에 있다는 것에 대한 고의가 있어야 하므로 보증인의무도 보증인지위와 함께 구성요건요소에 해당한다고 해야 한다. 보증인의무가 보증인지위의 규범적 내용이라고 하면서도 이에 대한 착오를 법률의 착오로 보는 견해[16]도 있으나 타당하지 않다.

---

13) 배종대, 721면; 이재상, 125면.
14) 김일수/서보학, 492면; 박상기, 317면; 배종대, 722면; 이재상, 126면; 이형국, 410면; 임웅, 529면; 정성근/박광민, 464면.
15) 같은 견해로는 이정원, 412면 이하.
16) 이정원, 413면.

3) 보증인지위의 발생근거

형법 제18조는 위험발생을 방지할 의무가 있거나 자기의 행위로 인하여 위험발생의 원인을 야기한 자에게 보증인지위가 있다고 규정하고 있을 뿐 보증인지위의 발생근거를 구체적으로 규정하고 있지는 않다. 보증인지위의 발생근거가 무엇인가에 대해서는 형식설과 실질설이 대립하고 있다. 형식설은 법령, 계약, 조리 또는 선행행위를 작위의무의 근거로 이해하는 견해이다.[17] 형식설은 작위의무의 내용과 한계를 명백하게 할 수 없다는 비판을 받는다. 반면 실질설은 작위의무를 실질적 기준에 따라 정하는 견해이다.[18] 이를 기능설이라고도 한다. 이 견해는 작위의무를 일정한 법익을 보호해야 하는 보호의무와 일정한 위험원인을 감시해야 할 안전의무로 구별한다. 실질설에 대해서는 작위의무의 내용과 한계를 명백하게 하는 장점이 있으나 작위의무의 범위가 지나치게 확대될 수 있다는 것이 단점으로 지적된다.

형식설과 실질설을 절충한 절충설이 통설이다.[19] 절충설이 타당하다고 생각한다.

4) 작위의무의 내용

(가) 법령

여기서 법령은 공법이든 사법이든 묻지 않는다. 민법에 의한 작위의무에는 민법상의 친권자보호의무(민법 제913조), 친족 간의 부양의무(민법 제974조), 부부 간의 부양의무(민법 제826조) 등이 있다. 공법에 의한 작위의무로는 경찰관의 보호조치의무(경찰관직무집행법 제4조), 의사의 진료와 응급조치의무(의료법 제16조), 운전자의 구호의무(도로교통법 제54조) 등을 들 수 있다.

---

17) 배종대, 732면; 유기천, 123면; 진계호, 147면.
18) 이정원, 443면.
19) 김일수/서보학, 494면; 박상기, 323면; 손동권, 371면; 신동운, 138면; 오영근, 289면; 이재상, 127면; 이형국, 414면; 임웅, 535면; 정성근/박광민, 462면; 조준현, 390면.

(나) 계약

계약도 작위의무의 근거가 된다. 의사의 환자치료의무, 간호사의 환자간호의무, 고용계약에 의한 보호의무, 유치원교사의 원생보호의무 등이 여기에 해당한다.

(다) 조리

조리에 의해서도 작위의무가 발생한다고 한다.[20] 동거하는 고용자에 대한 고용주의 보호의무, 관리자의 위험발생방지의무, 목적물하자에 대한 신의칙상의 고지의무 등이 그것이다.[21] 그러나 작위의무의 인정은 가벌성의 확대를 의미하고 조리에 의한 작위의무는 다른 유형에도 포함될 수 있으므로 조리를 작위의무의 발생근거로 하는 것은 죄형법정주의에 반한다.[22]

ㅁ 판례(대법원 2006. 1. 26, 2005도1160)

사기죄에 있어서의 기망이라 함은 사람으로 하여금 착오를 일으키게 하는 것으로서, 그 착오는 사실에 관한 것이거나 법률관계에 관한 것이거나 법률효과에 관한 것이거나를 묻지 않고, 반드시 법률행위의 내용의 중요부분에 관한 것일 필요도 없으며, 그 수단과 방법에도 아무런 제한이 없으나, 널리 재산상의 거래관계에 있어 서로 지켜야 할 신의와 성실의 의무를 저버리는 모든 적극적 또는 소극적 행위를 말하는 것이고, 이러한 소극적 행위로서의 부작위에 의한 기망은 법률상 고지의무 있는 자가 일정한 사실에 관하여 상대방이 착오에 빠져 있음을 알면서도 이를 고지하지 아니함을 말하는 것으로서, 일반거래의 경험칙상 상대방이 그 사실을 알았더라면 당해 법률행위를 하지 않았을 것이 명백한 경우에는 신의칙에 비추어 그 사실을 고지할 법률상 의무가 인정된다.

20) 대법원 2008. 2. 28, 2007도9354.
21) 김일수/서보학, 493면; 이재상, 127면.
22) 김성천/김형준, 202면; 박상기, 318면; 배종대, 724면; 오영근, 294면; 임웅, 532면.

□ 판례(대법원 2008. 2. 28, 2007도9354)

형법상 부작위범이 인정되기 위해서는 형법이 금지하고 있는 법익침해의 결과발생을 방지할 법적인 작위의무를 지고 있는 자가 그 의무를 이행함으로써 결과발생을 쉽게 방지할 수 있었음에도 불구하고 그 결과의 발생을 용인하고 이를 방관한 채 그 의무를 이행하지 아니한 경우에, 그 부작위가 작위에 의한 법익침해와 동등한 형법적 가치가 있는 것이어서 그 범죄의 실행행위로 평가될 만한 것이라면, 작위에 의한 실행행위와 동일하게 부작위범으로 처벌할 수 있고, 여기서 작위의무는 법령, 법률행위, 선행행위로 인한 경우는 물론, 기타 신의성실의 원칙이나 사회상규 혹은 조리상 작위의무가 기대되는 경우에도 인정된다 할 것이다

(라) 선행행위

형법 제18조에 의하면 자기 행위로 인하여 위험발생의 원인을 야기한 자는 그 위험발생을 방지할 작위의무가 있다. 운전자가 행인에게 부상을 입힌 때에는 피해자를 구호할 의무가 있고, 과실로 불을 낸 사람은 화재를 소화할 의무가 있고,[23] 미성년자를 포박·감금한 사람은 탈진상태에 있는 피해자를 구조할 의무가 있으며,[24] 어린조카를 저수지로 데리고 가서 미끄러지기 쉬운 제방 쪽으로 유인하여 걷게 한 자는 물에 빠진 피해자를 구조할 의무가 있다.[25]

□ 판례(대법원 2010. 1. 14, 2009도12109)

모텔 방에 투숙하여 담배를 피운 후 재떨이에 담배를 끄게 되었으나 담뱃불이 완전히 꺼졌는지 여부를 확인하지 않은 채 불이 붙기 쉬운 휴지를 재떨이에 버리고 잠을 잔 과실로 담뱃불이 휴지와 침대시트에 옮겨 붙게 함으로써 화재가 발생한 사안에서, 위 화재가 중대한 과실 있는 선행행위로 발생한 이상 화재를 소화할 법률상 의무는 있다 할 것이다.

23) 대법원 2010. 1. 14, 2009도12109; 1978. 9. 26, 78도1996.
24) 대법원 1982. 11. 23, 82도2024.
25) 대법원 1992. 2. 11, 91도2951.

(마) 보호의무

(ⅰ) 가족적 혈연관계

가족적 혈연관계에서 작위의무가 발생할 수 있다. 부부간의 부양의무, 친권자의 자녀에 대한 보호의무, 친족간의 부양의무가 여기에 해당한다. 가족적 혈연관계에 의한 작위의무는 부작위가 작위와 같은 가치가 있는 경우에 인정된다. 별거 중인 부부, 부모와 성년의 자녀간에는 보호의무가 없다. 가족적 혈연관계에서는 생명이나 신체에 대한 보호의무를 지지만 재산에 대한 보호의무는 친권자와 자녀 간에만 발생한다고 해야 한다.[26)]

(ⅱ) 밀접한 공동체

등반이나 탐험 등과 같은 위험공동체에서는 구성원 사이의 신뢰관계에 의하여 보호의무가 발생한다. 등반대의 책임자나 참여자는 낙오된 구성원의 생명이나 신체를 보호할 의무가 있다. 이러한 보호의무는 책임자나 참여자의 보호능력을 전제로 한다. 그러나 공범자 간에는 범행시의 위험에 대한 보호를 합의하였더라도 보증인지위가 인정되지 않는다.[27)]

(ⅲ) 보호의무의 인수

간호원이나 간병인, 보모나 유치원교사, 수영강사, 여행안내원, 등산안내원 등과 같이 자발적으로 보호의무를 인수한 자에게는 보증인지위가 인정된다. 보호의무의 인수는 거의 계약에 의하여 이루어진다. 그러나 계약의 효력을 불문하고 사실상 보호기능을 인수하였다면 보증인지위가 인정될 수 있다. 보증인지위는 일방적인 보호기능의 인수에 의해서도 인정된다.

(바) 안전의무

특별한 위험원을 책임지는 자에게도 보증인지위가 인정될 수 있다. 보증인지위의 근거가 되는 안전의무는 선행행위에 의한 안전의무, 위험원에 대한 감독의무, 제3자에 대한 감독의무로 나누어진다.

26) 이재상, 129면.
27) 박상기, 319면.

(ⅰ) 선행행위에 의한 안전의무

선행행위로 위험발생의 원인을 야기한 자는 위험의 발생을 방지할 보증인이 된다. 예를 들면 교통사고로 피해자에게 부상을 입힌 운전자는 부상당한 피해자를 구호하여야 할 의무가 있고, 사람을 체포·감금한 자에게는 피해자를 구조할 보증인의무가 인정된다.

선행행위가 보증인지위의 근거가 되기 위해서는 선행행위는 위법하여야 한다. 따라서 정당방위나 긴급피난에 의하여 위험이 야기된 경우에는 방위자에게 보증인지위가 인정되지 않는다. 선행행위는 결과발생의 직접적인 위험을 야기하여야 한다. 단순히 범행에 사용된 흉기를 빌려준 것만으로는 그 범죄에 대한 보증인의무가 발생하지 않는다.

(ⅱ) 위험원에 대한 감독의무

일정한 위험원의 소유자나 점유자는 위험원에서 발생한 위험이 타인의 법익을 침해하지 않도록 안전조치를 취할 보증인의무가 있다. 즉 위험한 물건, 건물, 시설, 동물, 기계 등의 소유자나 점유자는 그로부터 위험이 발생하는 것을 방지하여야 한다. 도로의 소유자나 관리자는 도로의 장애물을 제거하여야 하고 건물의 소유자나 점유자는 건물에서 벽돌이나 간판 등이 떨어지지 않도록 조치를 취하여 하며, 개의 소유자는 개가 타인에게 공격하는 것을 방지하여야 한다. 감독의무는 위험원으로부터 직접 발생한 위험에 대해서만 인정되며, 행위자는 물건의 소유자 또는 점유자에게 부과된 법적인 감독의무를 위반하여야 한다.[28]

(ⅲ) 제3자에 대한 감독의무

타인을 감독할 의무가 있는 자는 이들에 의한 위험발생을 방지할 보증인이 된다. 예를 들면 친권자는 미성년자에 대하여, 감독자는 정신병자에 대하여, 교장이나 교사는 학생에 대하여, 상관은 부하직원에 대하여,[29] 교도소장이나 교도관은 재소자에 대하여 감독의무가 있다. 감독자의 보증인

28) 이재상, 131면.
29) 대법원 1984. 11. 27, 84도1906.

의무는 피감독자의 범행을 방지할 의무일 뿐이라는 견해[30)]가 있으나 구조의무도 포함한다고 하여야 한다.[31)]

□ 판례(대법원 1984. 11. 27, 84도1906)

형법상 방조는 작위에 의하여 정범의 실행행위를 용이하게 하는 경우는 물론, 직무상의 의무가 있는 자가 정범의 범죄행위를 인식하면서도 그것을 방지하여야 할 제반조치를 취하지 아니하는 부작위로 인하여 정범의 실행행위를 용이하게 하는 경우에도 성립된다 할 것이므로 은행지점장이 정범인 부하직원들의 범행을 인식하면서도 그들의 은행에 대한 배임행위를 방치하였다면 배임죄의 방조범이 성립된다.

(6) 부작위의 동가치성

부진정부작위범은 부작위에 의한 작위범으로서 작위범과 같이 처벌되므로 부작위는 작위와 동일한 가치가 있어야 한다. 이를 부작위의 동가치성이라고 한다. 형법은 부작위의 동가치성에 관한 규정을 두고 있지 않지만 동가치성은 부진정부작위범의 구성요건에 해당한다. 판례도 같은 입장을 취하고 있다.[32)]

□ 판례(대법원 2008. 2. 28, 2007도9354)

형법이 금지하고 있는 법익침해의 결과발생을 방지할 법적인 작위의무를 지고 있는 자가 그 의무를 이행함으로써 결과발생을 쉽게 방지할 수 있었음에도 불구하고 그 결과의 발생을 용인하고 이를 방관한 채 그 의무를 이행하지 아니한 경우에, 그 부작위가 작위에 의한 법익침해와 동등한 형법적 가치가 있는 것이어서 그 범죄의 실행행위로 평가될 만한 것이라면, 작위에 의한 실행행위와

30) 김일수/서보학, 502면; 이재상, 132면.
31) 임웅, 534면.
32) 대법원 2008. 2. 28, 2007도9354; 2006. 4. 28, 2003도4128; 2005. 7. 22, 2005도3034; 2003. 12. 12, 2003도5207; 1997. 3. 14, 96도1639; 1992. 2. 11, 91도2951.

> 동일하게 부작위범으로 처벌할 수 있고, 여기서 작위의무는 법령, 법률행위, 선행행위로 인한 경우는 물론, 기타 신의성실의 원칙이나 사회상규 혹은 조리상 작위의무가 기대되는 경우에도 인정된다.

부작위의 동가치성이 인정되기 위해서는 부작위에 의한 구성요건의 실현은 구성요건에서 규정된 행위수단과 방법에 의하여야 한다.[33] 특별한 행위수단과 방법을 요하지 않는 결과범에 있어서는 결과가 발생하면 구성요건이 실현되므로 부작위의 동가치성은 문제되지 않는다. 예를 들면 살인죄, 상해죄, 손괴죄 등이 여기에 해당한다. 그러나 구성요건이 특별한 행위수단과 방법을 요구하는 결과범의 경우에는 부작위가 그러한 행위수단과 방법에 의할 때 부작위의 동가치성이 인정된다. 이를 행위정형[34] 또는 행위양태[35]의 동가치성이라고 한다. 결과범이 특별한 행위양태를 요하는지는 개개 구성요건의 해석에 의하여 판단될 수 있다. 예를 들면 사기죄(형법 제347조)는 기망, 공갈죄(형법 제350조)는 공갈, 강간죄(형법 제297조) 또는 강도죄(형법 제333조)는 폭행 또는 협박, 특수폭행죄(형법 제261조) 또는 특수협박죄(형법 제284조)는 단체 또는 다중의 위력·위험한 물건의 휴대를 특정한 행위수단 또는 방법으로 규정하고 있다.

2. 주관적 구성요건

작위범과 마찬가지로 부작위범도 객관적 구성요건에 대한 고의가 있어야 한다. 부작위가 작위와 다르듯이 부작위범의 고의내용은 작위범의 고의내용과 다소 차이가 있다. 부진정부작위범에 있어서 행위자는 구성요건적 상황, 보증인지위, 부작위, 개별적 행위가능성, 결과발생, 부작위와 결과 사이의 인과관계(객관적 귀속), 부작위의 동가치성을 인식하여야 한다. 보증

33) 김일수/서보학, 502면; 박상기, 317면; 배종대, 739면; 성낙현, 466면; 손동권, 326면; 신동운, 144면; 이재상, 133면; 이형국, 414면; 임웅, 536면; 정성근/박광민, 470면.
34) 이재상, 133면.
35) 김일수/서보학, 502면; 박상기, 318면; 배종대, 739면; 성낙현, 465면; 임웅, 535면.

인의무는 보증인지위의 내용이므로 구성요건요소에 속한다. 따라서 보증인의무에 대한 착오는 금지착오가 아니라 구성요건착오가 된다.

III. 부진정부작위범의 처벌

부진정부작위범은 작위범과 같이 처벌된다. 예를 들면 부작위에 의한 살인죄는 살인죄(형법 제250조)로 처벌된다. 극히 예외적인 경우를 제외하고는 부진정부작위범의 불법은 작위범의 그것보다 가볍다고 볼 수 있다. 따라서 부진정부작위범을 임의적 감경사유로 해야 한다는 견해가 있다.[36] 예를 들면 자살하려는 아내를 남편이 고의로 방치하여 사망하게 한 경우에 부작위에 의한 살인죄로 처벌하는 것이 타당한지 의문이다. 그러나 영아의 엄마가 고의로 영아에게 젖을 주지 않아 그를 굶어 죽게 한 경우에는 부작위에 의한 살인죄를 인정하여야 한다. 따라서 부진정부작위범을 임의적 감경사유로 규정할 것이 아니라 동가치성의 인정 여부에 따라 양형 시 고려하면 족하다.[37]

IV. 관련문제

1. 부작위범에 대한 공범

부작위범에 대하여 공범의 성립은 가능하다. 부진정부작위범에 있어서 교사자가 구성요건적 상황을 인식하면서도 보증인지위에 있는 자에게 부작위를 결의하게 한 때에는 부진정부작위범에 대한 교사범이 성립한다. 작위로 교사하거나 방조한 때에는 공범은 보증인지위에 있을 필요가 없다. 다수의 부작위범 사이에 공동의무가 있고 그 의무를 공동으로 이행할 수 있는 때에는 부작위범의 공동정범도 성립할 수 있다.[38] 예를 들면 아내와 남

36) 이재상, 133면.
37) 같은 의견으로는 배종대, 740면.
38) 대법원 2008. 3. 27, 2008도89.

편이 공모하여 어린아이에게 먹을 것을 주지 않아 굶어 죽게 한 경우에는 부작위에 의한 살인죄의 공동정범이 된다. 작위범과 부작위범 사이에도 공동정범이 성립할 수 있다.

2. 부작위에 의한 공범

교사행위는 적극적 행위이어야 하므로 부작위에 의한 교사는 불가능하다. 그러나 부작위에 의한 방조는 보증인지위가 있는 때에는 가능하다.[39] 예를 들면 건물의 경비원이 고의로 절도범의 절취행위를 방지하지 않은 경우에 부작위에 의한 절도죄의 종범이 성립한다.

3. 과실에 의한 부작위범

과실범은 원칙적으로 작위범에 속하지만 부작위에 의해서도 저질러질 수 있다. 그러나 요구된 주의를 기울이지 않았다고 하여 행위가 부작위가 되는 것은 아니다. 과실행위는 타인의 법익을 침해하는 고의행위와 똑같이 언제나 금지를 위반하는 것이다. 예를 들면 자동차를 운전하는 자는 앞이 잘 보이지 않는 상황에서 전조등을 켜지 않았더라도 적극적으로 행위를 한 것이다. 반면 부작위범에 있어서는 오직 적극적인 행위로 위험을 방지하라는 명령을 이행하지 않는 것이 문제가 된다. 물론 주의를 기울이지 않는 행위가 동시에 보증인의무에 대한 위반으로 간주되는 경우에는 작위로서의 과실행위와 부작위를 구별할 필요가 없다.

그러나 보증인에게 위험을 방지하여야 할 주의의무가 있는 때에는 양자를 구별하여야 한다. 이 경우에 과실에 의한 부작위범의 구성요건은 고의부작위범의 객관적 구성요건과 과실범의 구성요건으로 구성된다. 먼저 고의부작위범의 객관적 구성요건이 구비되어야 한다. 즉 구성요건적 결과발생, 부작위, 행위가능성, 부작위와 결과발생간의 인과관계 및 보증인 지위가 있어야 한다. 그 다음에 과실에 의한 작위범과 같이 주의의무위반이 검

---

39) 대법원 1987. 11. 27, 84도1906.

토되어야 한다. 여기서 예견의무 또는 예견가능성은 법익침해를 방지할 가능성(행위가능성), 보증인지위, 객관적 귀속을 가능하게 하는 상황을 대상으로 한다.40)

과실에 의한 부작위범이 인정될 수 있는 경우로는 ① 보증인이 과실로 구성요건적 상황을 인식하지 못한 경우, ② 부작위범이 부주의로 자신의 보증인지위를 인식하지 못한 경우, ③ 부작위범이 경솔하게 행위능력이 없다고 여긴 경우 및 ④ 보증인이 요구되는 행위를 불완전하게 행한 경우가 있다.41)

□ 판례(대법원 1994. 8. 26, 94도1291)

피고인들이 자신들과 함께 술을 마시고 만취되어 의식이 없는 피해자를 부축하여 학교선배인 장00의 자취집에 함께 가서 촛불을 가져 오라고 하여 장00이 가져온 촛불이 켜져 있는 방안에 이불을 덮고 자고 있는 피해자를 혼자 두고 나옴에 있어 그 촛불이 피해자의 발로부터 불과 약 70 내지 80cm 밖에 떨어져 있지 않은 곳에 마분지로 된 양초갑 위에 놓여 져 있음을 잘 알고 있었던 피고인들로서는 당시 촛불을 켜놓아야 할 별다른 사정이 엿보이지 아니하고 더욱이 피고인들 외에는 달리 피해자를 돌보아 줄 사람도 없었던 터이므로 술에 취한 피해자가 정신없이 몸부림을 치다가 발이나 이불자락으로 촛불을 건드리는 경우 그것이 넘어져 불이 이불이나 비닐장판 또는 벽지 등에 옮겨 붙어 화재가 발생할 가능성이 있고, 또한 화재가 발생하는 경우 화재에 대처할 능력이 없는 피해자가 사망할 가능성이 있음을 예견할 수 있으므로 이러한 경우 피해자를 혼자 방에 두고 나오는 피고인들로서는 촛불을 끄거나 양초가 쉽게 넘어지지 않도록 적절하고 안전한 조치를 취하여야 할 주의 의무가 있다 할 것인바, 비록 피고인들이 직접 촛불을 켜지 않았다 할지라도 위와 같은 주의 의무를 다하지 않은 이상 피고인들로서는 이 사건 화재발생과 그로 인한 피해자의 사망에 대하여 과실책임을 면할 수는 없다 할 것이다.

40) Maurach/Gssel/Zipf, S.211.

41) Roxin, AT II, S.689.

□ 판례(대법원 2007. 2. 22, 2005도9229)

의사는 전문적 지식과 기능을 가지고 환자의 전적인 신뢰 하에서 환자의 생명과 건강을 보호하는 것을 업으로 하는 자로서 그 의료행위를 시술하는 기회에 환자에게 위해가 미치는 것을 방지하기 위하여 최선의 조치를 취할 의무를 지고 있으므로, 의사가 다른 의사와 의료행위를 분담하는 경우에도 자신이 환자에 대하여 주된 의사의 지위에 있거나 다른 의사를 사실상 지휘 감독하는 지위에 있다면, 그 의료행위의 영역이 자신의 전공과목이 아니라 다른 의사의 전공과목에 전적으로 속하거나 다른 의사에게 전적으로 위임된 것이 아닌 이상, 의사는 자신이 주로 담당하는 환자에 대하여 다른 의사가 하는 의료행위의 내용이 적절한 것인지의 여부를 확인하고 감독하여야 할 업무상 주의의무가 있고, 만약 의사가 이와 같은 업무상 주의의무를 소홀히 하여 환자에게 위해가 발생하였다면, 의사는 그에 대한 과실 책임을 면할 수 없다.

제 3 편

죄 수 론

제 1 장 죄수 일반론

I. 죄수론의 의의

1개의 구성요건이 실현되어 일죄가 성립하면 처벌문제는 생기지 않는다. 그러나 1인의 행위자가 한 개 또는 수개의 행위로 수개의 구성요건을 실현하거나 동일한 구성요건을 수회 실현하는 경우에는 범죄의 수가 몇 개이고 행위자를 어떻게 처벌할 것인지가 문제된다. 이에 대한 이론을 죄수론이라고 한다. 죄수론은 2인 이상이 하나의 구성요건을 실현한 경우에 공범자를 어떻게 처벌할 것인가에 관한 공범론과 구별된다. 따라서 죄수론은 범죄론과 형벌론을 포함하는 이론이라고 할 수 있다.

1인의 행위자가 한 개 또는 수개의 행위로 동일한 구성요건을 수회 실현하였거나 수개의 구성요건을 실현한 경우에는 죄수문제뿐 아니라 처벌문제도 발생하므로 원래 범죄의 수에 관한 이론을 의미하는 죄수론은 정확한 표현이 아니다. 따라서 이러한 경우를 범죄론과 형벌론을 포함하는 경합론(Konkurrenzlehre)이라고 부르는 것이 타당하다고 생각한다.[1] 형법은 수죄인 경합범(형법 제37조 내지 제39조)과 상상적 경합을 어떻게 처벌할 것인가만을 규정하고 있을 뿐, 죄수결정의 기준에 관한 규정은 두고 있지 않다. 따라서 경합론은 죄수를 어떻게 결정할 것인가와 수죄인 경우에 어떻게 처벌할 것인가의 문제를 해결하여야 한다.

II. 죄수의 결정기준

죄수를 결정하는 기준이 무엇인가에 대해서는 행위표준설, 법익표준설, 의사표준설 및 구성요건표준설이 대립하고 있다.

---

1) 김선복, 상상적 경합범의 법적 효과, 형사법연구(1999, 제11호), 129면.

1. 행위표준설

행위표준설은 자연적 의미의 행위의 수에 따라 범죄의 수를 결정하는 견해이다.[2] 즉 행위가 1개이면 일죄이고 행위가 수개이면 수죄가 된다고 한다. 이 견해에 의하면 포괄일죄는 수죄이고 상상적 경합은 일죄가 된다. 판례는 간통죄,[3] 강간 · 강제추행죄,[4] 협박죄[5]의 경우에는 행위표준설을 따르고 있다. 그러나 행위자표준설에 대해서는 수죄인 상상적 경합을 일죄로 보는 것은 형법 제40조에 반하고, 수개의 행위로 1개의 구성요건을 실현하는 경우를 수죄로 보는 부당한 결과를 초래한다[6]는 비판이 가해진다.

2. 법익표준설

법익표준설은 침해된 보호법익의 수에 따라 범죄의 수를 결정하는 견해이다. 즉 1개의 법익이 침해되면 일죄가 되고 수개의 법익이 침해되면 수죄가 된다고 한다. 따라서 상상적 경합은 수죄이지만 일죄로 처벌될 뿐이다. 법익표준설은 전속적 법익과 비전속적 법익을 나누고 생명 · 신체 · 자유 · 명예 등과 같이 개별적 고유가치를 가지는 전속적 법익은 법익주체의 수에 따라 범죄의 수가 결정된다. 판례는 단일한 범의를 가지고 수인의 피해자에 대하여 따로 기망행위를 하여 각각 재물을 편취한 경우에는 수개의 사기죄가 실체적 경합범관계에 있다고 하여 법익표준설에 입각하고 있다.[7]

---

2) 임웅, 548면.
3) 대법원 1982. 12. 14, 82도2448.
4) 대법원 1982. 12. 14 82도2442.
5) 대법원 1958. 4. 11, 4290형상360.
6) 김일수/서보학, 670면; 배종대, 748면; 이재상, 515면.
7) 대법원 2011. 4. 14, 2011도769; 2010. 4. 16, 2010도2810; 2003. 4. 8, 2003도382; 2001. 12. 28, 2001도6130; 1997. 6. 27, 97도508.

□ 판례(대법원 2010. 4. 29, 선고 2010도2810)

단일한 범의를 가지고 상대방을 기망하여 착오에 빠뜨림으로써 그로부터 동일한 방법에 의하여 여러 차례에 걸쳐 재물을 편취하면 그 전체가 포괄하여 일죄로 되지만, 여러 사람의 피해자에 대하여 따로 기망행위를 하여 각각 재물을 편취한 경우에는 비록 범의가 단일하고 범행방법이 동일하더라도 각 피해자의 피해법익은 독립한 것이므로 그 전체가 포괄일죄로 되지 아니하고 피해자별로 독립한 여러 개의 사기죄가 성립하고 그 사기죄 상호간은 실체적 경합범 관계에 있다고 할 것이다.

법익표준설에 대해서는 강도죄 등과 같이 수개의 법익침해가 1개의 범죄에 해당하는 경우를 설명할 수 없다는 비판이 제기된다.

3. 의사표준설

의사표준설은 행위자의 범죄의사의 수를 기준으로 범죄의 수를 결정하는 견해이다. 즉 범죄의사가 1개이면 범죄의 수도 1개가 된다. 따라서 범죄의사가 1개인 상상적 경합, 접속범 또는 연속범은 일죄가 된다. 판례는 단일한 범의 아래 동종의 범행을 일정기간 반복하여 행한 때에는 포괄일죄를 인정하여[8] 의사표준설을 취하고 있다.

□ 판례(대법원 2000. 1. 21, 99도4940)

단일하고도 계속된 범의 아래 동종의 범행을 일정기간 반복하여 행하고 그 피해법익도 동일한 경우에는 각 범행을 통틀어 포괄일죄로 볼 것이고, 수뢰죄에 있어서 단일하고도 계속된 범의 아래 동종의 범행을 일정기간 반복하여 행하고 그 피해법익도 동일한 것이라면 돈을 받은 일자가 상당한 기간에 걸쳐 있고, 돈을 받은 일자 사이에 상당한 기간이 끼어 있다 하더라도 각 범행을 통틀어 포괄일죄로 볼 것이다.

---

8) 대법원 2000. 1. 21, 99도4940; 1999. 1. 29, 3584.

의사표준설에 대해서는 범죄의사가 수개인 경우에도 일죄가 되는 이유와 상상적 경합이 수죄가 되는 이유를 설명하지 한다는 비판이 가해진다.

4. 구성요건표준설

구성요건표준설은 실현된 구성요건을 기준으로 범죄의 수를 결정하는 견해이다.[9] 즉 구성요건을 한 번 실현하면 일죄가 되고 수개의 구성요건을 실현하면 수죄가 된다고 한다. 따라서 상상적 경합은 원래 수죄지만 과형상 일죄로 처벌된다는 것이다. 판례는 구성요건표준설에 입각하여 예금통장과 인장을 절취한 행위와 저금환급금 수령증을 위조한 행위를 경합범으로 인정한다.[10]

> **ㅁ 판례(대법원 2000. 4. 20, 99도3822)**
>
> 원래 조세포탈범의 죄수는 위반사실의 구성요건 충족 회수를 기준으로 하여 예컨대, 소득세포탈범은 각 과세년도의 소득세마다, 법인세포탈범은 각 사업년도의 법인세마다, 그리고 부가가치세의 포탈범은 각 과세기간인 6월의 부가가치세마다 1죄가 성립하는 것이 원칙이나, 특정범죄가중처벌등에관한법률 제8조 제1항은 연간 포탈세액이 일정액 이상이라는 가중사유를 구성요건화하여 조세범처벌법 제9조 제1항의 행위와 합쳐서 하나의 범죄유형으로 하고 그에 대한 법정형을 규정한 것이므로, 조세의 종류를 불문하고 1년간 포탈한 세액을 모두 합산한 금액이 특정범죄가중처벌등에관한법률 제8조 제1항 소정의 금액 이상인 때에는 같은 항 위반의 1죄만이 성립하고, 또한 같은 항 위반죄는 1년 단위로 하나의 죄를 구성하며 그 상호간에는 경합범 관계에 있다 할 것이다.

구성요건표준설은 한 개의 구성요건을 반복적으로 실현한 접속범이나 수개의 행위로 수개의 구성요건을 실현하는 연속범이 일죄가 되는 이유를 설명하지 못한다는 비판을 받는다.

---

9) 배종대, 749면; 이재상, 519면.
10) 대법원 1968. 12. 24, 68도1510.

5. 검토

판례는 행위표준설, 법익표준설, 의사표준설, 구성요건표준설 또는 의사표준설과 법익표준설의 결합에 따라 죄수를 결정함으로써 일관된 입장을 보이지 않고 있다. 이런 원칙 없는 죄수결정은 법적 안정성을 침해하기 때문에 타당하지 않다. 네 가지 학설 가운데 법익표준설이 다음과 같은 이유로 타당하다고 생각한다.

범죄란 보호법익의 침해 또는 위험을 말하므로 동일한 구성요건을 수회 실현하거나 수개의 구성요건을 실현한 것이 일죄인가 또는 수죄인가는 보호법익의 수에 의하여 결정되는 것이 원칙이다. 즉 수개의 법익의 침해는 수죄가 된다. 여기서 침해된 법익은 상이한 것이어야 한다. 물론 법익표준설에는 예외가 인정된다. 첫째, 전속적 법익의 경우에는 법익주체의 수에 따라 죄수를 결정하여야 한다. 예를 들면 군중에 폭탄을 던져 수인을 살해한 경우에 동일한 법익인 생명이 침해되었으나 사람의 생명은 개별적 고유가치를 가지므로 법익주체의 만큼 범죄가 성립한다. 둘째, 수개의 상이한 법익이 침해되었더라도 한 법익이 다른 법익과 흡수관계에 있는 때에는 예외적으로 한 개의 범죄가 성립한다. 예를 들면 칼로 상대방의 복부를 찔러 살해한 경우에 살인죄와 상해죄의 구성요건이 실현되었지만 생명과 신체는 서로 흡수관계에 있으므로 살인죄가 성립하고 상해죄는 배제된다. 셋째, 수개의 상이한 법익을 보호하는 구성요건이 한번 실현된 경우에는 당연히 일죄가 성립한다. 죄수문제는 수개의 구성요건이 실현되거나 동일한 구성요건이 여러 번 실현된 때에 발생하기 때문이다. 예를 들면 재산과 자유를 보호법익으로 하는 강도죄의 구성요건이 한번 실현된 경우에는 한 개의 강도죄가 성립한다.

III. 수죄처벌의 원칙

수죄를 처벌하는 원칙으로는 흡수주의, 가중주의 및 병과주의가 있다.

1. 흡수주의

흡수주의는 수개의 죄 가운데 가장 중한 죄에 정한 형으로 처벌하고 다른 경한 죄에 정한 형은 여기에 흡수되는 원칙을 말한다. 형법은 상상적 경합의 경우(형법 제40조)와 실체적 경합범 가운데 중한 죄에 정한 형이 사형, 무기징역 또는 무기금고인 경우(형법 제38조 제1항 1호)에는 흡수주의를 적용한다. 흡수주의에 있어서 경한 죄에 정한 형의 하한이 중한 죄에 정한 하한보다 중한 때에는 경한 죄에 정한 형의 하한이 적용되는 것을 결합주의라고 한다.

2. 가중주의

가중주의란 가장 중한 죄에 정한 형을 가중하여 하나의 전체형을 과하는 원칙을 말한다. 가중된 형은 각 죄에 정한 형의 합계를 초과할 수 없다. 형법은 실체적 경합범 가운데 사형, 무기징역 또는 무기금고 이외의 동종의 형인 경우에 가중주의를 적용하고 있다(형법 제37조 제1항 2호). 스위스 형법은 상상적 경합에 대하여 가중주의를 채택하고 있다(스위스 형법 제68조).

3. 병과주의

병과주의는 각 죄에 정한 형을 합산하여 형을 정하는 원칙이고, 영미법이 채택하고 있다. 동종의 형의 가산은 개개의 형보다 큰 고통을 주기 때문에 병과주의는 타당하지 않다는 비판을 받는다.[11] 형법은 사형, 무기징역 또는 무기금고 이외의 이종의 형인 경우에 병과주의를 채택하고 있다(형법 제38조 제1항 3호).

---

11) 이재상, 520면; Baumann/Weber/Mitsch, S. 675.

제2장 일 죄

I. 일죄의 의의

실체법상의 일죄는 원래 한 개의 구성요건을 1회 실현한 것을 말한다. 예를 들면 A가 B의 시계를 절취하여 절도죄의 구성요건을 실현한 경우에 한 개의 절도죄가 성립한다. 그러나 이 이외에도 일죄가 성립하는 경우가 있다. 즉 한 개 또는 수개의 행위로 동일한 구성요건을 여러 번 실현하거나 수개의 구성요건을 실현하지만 구성요건간의 관계로 인하여 일죄가 되거나(법조경합) 단일한 범죄의사를 가지고 수개의 행위로 동일한 구성요건을 수회 실현하거나 수개의 구성요건을 실현한 경우를 포괄적으로 일죄로 본다(포괄일죄). 법조경합이나 포괄일죄는 실체법상 일죄라는 점에서 실체법상 수죄이나 과형상 일죄인 상상적 경합과 구별된다.

- 일죄
  - 법조경합
    - 특별관계
    - 보충관계
    - 흡수관계
  - 포괄일죄
    - 결합범
    - 계속범
    - 접속범
    - 연속범
    - 집합범
  - 단순일죄

II. 법조경합

1. 법조경합의 의의

법조경합이란 실현된 한 개 또는 수개의 구성요건이 겉으로는 수죄에 해당하는 것처럼 보이지만 사실은 하나의 구성요건이 다른 구성요건을 배제하여 일죄가 성립하는 경우를 말한다. 법조경합을 부진정경합이라고 한다. 법조경합은 일죄라는 점에서 수죄에 해당하는 실체적 경합범 또는 상상적 경합범과 구별된다.

ㅁ 판례(대법원 2003. 4. 8, 2002도6033)

상상적 경합은 1개의 행위가 실질적으로 수개의 구성요건을 충족하는 경우를 말하고, 법조경합은 1개의 행위가 외관상 수개의 죄의 구성요건에 해당하는 것처럼 보이나 실질적으로 1죄만을 구성하는 경우를 말하며, 실질적으로 1죄인가 또는 수죄인가는 구성요건적 평가와 보호법익의 측면에서 고찰하여 판단하여야 한다.

2. 법조경합의 형태

법조경합은 특별관계, 보충관계 및 흡수관계를 포함한다. 여기에 택일관계도 포함시키는 견해도 있다.

(1) 특별관계

특별관계란 한 구성요건이 다른 구성요건의 요소를 모두 포함하고 그 밖의 특별한 요소가 있는 경우를 말한다. 예를 들면 특수절도죄의 구성요건은 절도죄의 구성요건 이외에 단체 또는 다중의 위력이나 흉기의 휴대를 포함한다. "특별법은 일반법에 우선한다"는 원칙(lex specialis derogat legi generali)에 의하여 특별법만 적용되고 일반법은 적용되지 않는다. 가중적 구성요건 또는 감경적 구성요건은 기본적 구성요건의 특별법에 해당한다. 예를 들면 살인죄(형법 제250조 제1항)와 존속살해죄(형법 제250조 제2항), 촉탁살인죄(형법 제252조 제1항) 또는 영아살해죄(형법 제251조), 폭행죄(형법 제260조)와 특수폭행죄(형법 제261조), 절도죄(형법 제329조)와 특수절도죄(형법 제331조) 등이 특별관계이다. 또한 결합범 또는 결과적 가중범도 그 구성범죄와 특별관계에 있다. 예를 들면 강도죄와 절도죄, 폭행죄 또는 협박죄, 상해치사죄와 상해죄 또는 과실치사죄 등은 특별관계에 있다. 동일한 범죄를 규정하는 형법규정과 특별형법규정도 특별관계에 있다. 예를 들면 형법의 간첩죄와 국가보안법의 간첩죄가 그것이다.

(2) 보충관계

보충관계란 하나의 구성요건이 다른 구성요건이 적용되지 않을 때 보충적으로 적용되는 경우를 말한다. 여기서는 "기본법은 보충법에 우선한다(lex primaria derogat legi subsidiariae)"는 원칙에 의하여 보충법의 적용이 배제된다.

보충관계는 명시적인 것과 묵시적인 것으로 나뉜다.

형법이 명시적으로 규정하고 있는 보충관계는 일반이적죄(형법 제99조)와 외환유치죄(형법 제92조), 여적죄(형법 93조) 또는 모병이적죄(형법 제94조) 그리고 일반물건방화죄(형법 제167조)와 현주건조물방화죄(형법 제164조), 공용건조물방화죄(형법 제165조) 또는 일반건조물방화죄(형법 제166조) 등이다. 묵시적 보충관계는 불가벌적 사전행위(경과범죄)와 경미한 침해방법으로 구별된다.

1) 불가벌적 사전행위

범죄의 실현단계에서 전단계의 범죄는 다음단계의 범죄와 보충관계에 있다. 예를 들면 예비와 미수 또는 기수의 관계, 미수와 기수의 관계는 보충관계이다. 또한 상해죄와 살인죄의 관계, 유기죄와 살인죄의 관계, 위험범과 침해범의 관계도 마찬가지이다. 불가벌적 사전행위를 인정하기 위해서는 여러 범죄가 단일한 범죄의사에 의하여 실현되어야 하고 보호법익이 같아야 하며 사전행위가 기본범죄보다 가벼워야 한다.

2) 경미한 법익침해방법

동일한 법익의 침해에 있어서 가벼운 침해방법은 무거운 침해방법과 보충관계에 있다. 예를 들면 종범과 교사범 또는 정범, 교사범과 정범, 부작위범과 작위범, 과실범과 고의범 사이에는 보충관계가 성립한다. 따라서 교사범과 공동정범이 성립하는 때에는 공동정범이 적용되고 교사범은 배제된다.

(3) 흡수관계

흡수관계란 하나의 구성요건에 해당하는 행위의 불법과 책임내용이 다른 행위의 그것을 포함하면서 특별관계 또는 보충관계에 해당하지 않는 경우를 말한다. “전부법은 부분법을 폐지한다(lex comsumens derogat legi consumtae)”라는 원칙에 의하여 전부법이 적용되고 흡수되는 법은 배제된다. 여기에는 불가벌적 수반행위와 불가벌적 사후행위가 있다.

1) 불가벌적 수반행위

불가벌적 수반행위란 일정한 범죄와 일반적 · 전형적으로 결합되어 있는 다른 경미한 범죄행위를 말한다. 수반행위의 불법과 책임내용은 주된 범죄에 비하여 경미하기 때문에 고려의 대상이 되지 않는다. 예를 들면 살인죄에 수반되는 재물손괴행위, 낙태죄에 수반된 상해행위, 사문서위조죄와 인장위조행위,[12] 상해죄에 수반된 협박행위,[13] 체포 · 감금의 수단인 폭행 · 협박행위, 자동차불법사용죄와 휘발유소비행위가 여기에 해당한다. 그러나 수반행위가 일정한 범위를 초과하여 독립된 범죄가 된 때에는 흡수관계는 성립하지 않는다.

2) 불가벌적 사후행위

(가) 불가벌적 사후행위의 의의

불가벌적 사후행위는 범죄로 획득한 위법한 이익을 확보 · 사용 · 처분하

---

12) 대법원 1978. 9. 26, 78도1787.
13) 대법원 1976. 12. 14, 76도3375.

는 행위가 다른 구성요건을 실현하지만 이미 주된 범죄에 의하여 완전히 평가되었기 때문에 그 적용이 배제되는 경우를 말한다. 불가벌적 사후행위의 대표적인 것이 절도범이 도품을 손괴하는 행위이다. 이 경우에는 소유권을 침해하는 절취행위에 소유권을 침해하는 손괴행위가 이미 평가되어 있다고 보기 때문이다.

(나) 성립요건

불가벌적 사후행위가 성립하기 위해서는 다음과 같은 요건이 구비되어야 한다.

(i) 사후행위는 구성요건에 해당하여야 한다. 구성요건에 해당하지 않은 사후행위는 당연히 처벌되지 않기 때문이다. 예를 들면 절도범이 절취한 재물을 처분한 경우에 처분행위는 횡령죄의 구성요건에 해당하지 않으므로 불가벌적 사후행위에 해당하지 않는다. 또한 절도범이 절취한 재물을 보관하는 경우에도 보관행위도 장물죄의 구성요건에 해당하지 않는다.

(ii) 사후행위아 주된 범죄는 동일한 법익을 보호하고 침해의 양을 초과하지 않아야 한다. 사후행위가 제3자의 새로운 법익을 침해한 때에는 불가벌적 사후행위가 인정되지 않는다. 따라서 장물인 자기앞수표를 현금대신 교부한 행위는 불가벌적 사후행위에 해당한다. 그러나 절취한 신용카드로 물품을 구입한 때에는[14] 절도죄 또는 강도죄 이외에 사기죄가 성립한다. 또 사람을 살해하고 사체를 유기하거나[15] 절취한 대마를 소지하거나[16] 절도범이 절취한 문서를 이용하여 피해자의 재물을 편취하거나 절취한 재물을 피해자에게 매도한 경우도[17] 새로운 법익을 침해하므로 불가벌적 사후행위가 되지 않는다.

---

14) 대법원 1997. 1. 21, 96도2715.
15) 대법원 1997. 7. 25, 97도1142.
16) 대법원 1999. 4. 13, 98도3619.
17) 이재상, 527면.

□ 판례(대법원 1990. 7. 10, 90도1176)

영득죄에 의하여 취득한 장물을 처분하는 것은 재산죄에 수반하는 불가벌적 사후행위에 불과하므로 다른 죄를 구성하지 않는다 하겠으나 강취한 은행예금통장을 이용하여 은행직원을 기망하여 진실한 명의인이 예금의 환급을 청구하는 것으로 오신케 함으로써 예금의 환급 명목으로 금원을 편취하는 것은 다시 새로운 법익을 침해하는 행위이므로 장물의 단순한 사후처분과는 같지 아니하고 별도의 사기죄를 구성한다.

□ 판례(대법원 1997. 1. 21, 96도2715)

강취한 신용카드를 가지고 자신이 그 신용카드의 정당한 소지인인양 가맹점의 점주를 속이고 그에 속은 점주로부터 주류 등을 제공받아 이를 취득한 것이라면 신용카드부정사용죄와 별도로 사기죄가 성립한다.

그러나 통설과 판례[18]가 절취하거나 강취한 은행예금통장을 이용하여 현금을 인출한 경우에 별도의 사기죄를 인정하는 것은 타당하지 않다. 왜냐하면 기망에 의한 인출행위는 현금을 절취하는 행위의 사후행위에 불과하며 현금인출행위에 의하여 새로운 법익인 은행의 재산권이 침해되지 않았기 때문이다.

불가벌적 사후행위는 대부분 재산죄에서 문제가 되지만 재산죄 이외의 범죄에서도 인정될 수 있다. 예를 들면 간첩이 탐지·수집한 국가기밀을 적국에 누설한 행위도 불가벌적 사후행위가 된다.[19]

(iii) 행위자가 주된 범죄로 처벌받았다는 것을 전제로 하지 않는다. 공소시효의 완성이나 소송조건의 결여로 주된 범죄에 대하여 공소제기가 불가능한 경우에도 사후행위는 처벌되지 않는다.[20] 그러나 주된 범죄가 위

18) 대법원 1990. 7. 10, 90도1176; 1974. 11. 26, 74도2817.
19) 대법원 1982. 4. 27, 82도285.
20) 배종대, 756면; 이재상, 528면.

법성조각사유나 책임조각사유의 존재로 무죄가 되거나 범죄의 증명이 불가능하여 처벌되지 않는 경우에는 사후행위는 독자적으로 처벌될 수 있다.

(ⅳ) 사후행위에 가담한 제3자에 대해서는 사후행위는 불가벌적 사후행위가 아니다. 제3자에게는 사후행위는 정범의 범죄에 해당하기 때문이다. 따라서 사후행위가 구성요건에 해당하고 위법하면 사후행위에 가담한 제3자는 공범으로 처벌될 수 있다.

3. 법조경합의 효과

법조경합의 경우에 배제되는 범죄는 성립하지 않은 것으로 간주된다. 즉 행위자는 배제되는 범죄에 의하여 처벌되지 않는다. 따라서 배제되는 범죄는 판결주문뿐만 아니라 판결이유에도 기재되지 않는다. 이러한 점에서 법조경합은 적용되지 않는 범죄내용이 별도로 평가되어 판결이유에 기재되는 상상적 경합과 구별된다. 여기서 배제되는 범죄는 적용되는 범죄에 포함되므로 제3자가 배제되는 범죄에 가담하면 공범이 성립할 수 있다. 적용되는 범죄로 처벌이 불가능한 때에는 배제되는 범죄가 적용되는 것이 원칙이다. 다만 강간죄와 같은 친고죄에 있어서 피해자의 고소가 없기 때문에 행위자가 강간죄로 처벌될 수 없는 경우에는 배제되는 폭행죄 또는 협박죄로 처벌할 수 없다. 왜냐하면 이는 친고죄의 취지에 반하기 때문이다.

III. 포괄일죄

1. 포괄일죄의 의의

포괄일죄란 수개의 행위가 당해 구성요건을 한 번 충족하여 본래적으로 일죄가 되는 경우 또는 수개의 행위가 포괄적으로 1개의 구성요건에 해당하여 일죄를 구성하는 경우[21]를 말한다.[22] 그러나 이러한 개념정의로는

---

21) 김일수/서보학, 688면; 박상기, 483면; 배종대, 757면; 이재상, 529면; 이정원, 445면; 임웅, 561면.

수개의 행위로 동종의 구성요건을 수회 실현하였거나 수개의 구성요건을 실현하였지만 포괄적으로 일죄가 되는 경우를 포괄일죄로 볼 수 없게 된다. 따라서 포괄일죄는 수개의 행위로 동종의 구성요건을 수회 실현하였거나 수개의 구성요건을 실현하였지만 포괄적으로 일죄를 구성하는 경우로 정의해야 한다.[23] 예를 들면 단일한 절도의 고의를 가지고 시간적 · 장소적으로 근접한 수개의 절취행위로 타인의 재물을 절취한 경우에 절도죄의 구성요건이 수회 실현되었지만 접속범으로서 포괄일죄가 되고, 강도가 사람을 살해한 때에는 강도죄와 살인죄의 구성요건이 실현되었지만 강도살인죄의 결합범으로서 포괄일죄가 된다. 포괄일죄는 일죄라는 점에서 수죄인 상상적 경합 또는 실체적 경합과 구별된다. 포괄일죄에는 결합범, 계속범, 접속범, 연속범 및 집합범이 있다.

□ 판례(대법원 1982. 11. 23, 82도2201)

이른바 포괄일죄라는 것은 일반적으로 각기 따로 존재하는 수개의 행위가 당해 구성요건을 한번 충족하여 본래적으로 일죄라는 것으로 이 수개의 행위가 혹은 흡수되고 혹은 사후행위가 되고 혹은 위법상태가 상당 정도 시간적으로 경과하는 등으로 본래적으로 일죄의 관계가 이루어지는 것이므로 별개의 죄가 따로 성립하지 않음은 물론 과형상의 일죄와도 이 점에서 그 개념 등을 달리하는 것이다.

2. 포괄일죄의 형태

(1) 결합범

결합범이란 수개의 행위가 수개의 구성요건에 해당하지만 형법에 한 개의 구성요건으로 규정되어 있는 경우를 말한다. 예를 들면 절도죄와 폭행

22) 대법원 1982. 11. 23, 82도2201.
23) 이정원, 445면은 수개의 행위로 동종의 구성요건을 여러 번 실현한 경우를 포괄일죄로 파악하면서 결합범과 계속범을 포괄일죄가 아니라 단순일죄로 보아야 한다고 한다.

죄 또는 협박죄가 결합한 강도죄, 강도죄와 강간죄가 결합한 강도강간죄,[24] 강도죄와 살인죄가 결합한 강도살인죄[25] 등이 여기에 해당한다. 즉 결합범은 수개의 구성요건이 결합한 범죄이다. 따라서 결합범을 구성하는 범죄에 대한 실행의 착수는 결합범에 대한 실행의 착수가 된다.[26]

□ 판례(대법원 2010. 7. 15, 2010도3594)

강도강간죄는 강도라는 신분을 가진 범인이 강간죄를 범하였을 때 성립하는 범죄이고 따라서 강간범이 강간행위 후에 강도의 범의를 일으켜 그 부녀의 재물을 강취하는 경우에는 강도강간죄가 아니라 강도죄와 강간죄의 경합범이 성립될 수 있을 뿐이나, 강간범이 강간행위 종료 전, 즉 그 실행행위의 계속 중에 강도의 행위를 할 경우에는 이때에 바로 강도의 신분을 취득하는 것이므로 이후에 그 자리에서 강간행위를 계속하는 때에는 강도가 부녀를 강간한 때에 해당하여 형법 제339조 소정의 강도강간죄를 구성한다.

(2) 계속범

계속범이란 구성요건을 실현하여 위법상태를 야기하고 그 위법상태가 구성요건에 해당하는 행위에 의하여 유지되는 범죄를 말한다. 예를 들면 체포감금죄 또는 주거침입죄가 여기에 해당한다. 위법상태를 야기하고 유지하는 것이 하나의 구성요건을 실현하는 것이고, 따라서 일죄가 된다.

(3) 접속범

접속범이란 수개의 행위가 시간적·장소적으로 접속하여 동종의 구성요건을 수회 실현하는 경우를 말한다. 동종의 구성요건을 접속하여 수회 실현한 것이 포괄적으로 일죄에 해당하는 것이다. 예를 들면 쌀 창고 앞에

---

24) 대법원 1988. 9. 9, 88도1240; 2002. 2. 8, 2001도6425; 2010. 7. 15, 2010도3594; 2010. 12. 9, 2010도9630.

25) 대법원 1983. 6. 28, 83도1210.

26) 배종대, 757면; 이재상, 530면.

트럭을 세워놓고 쌀가마를 한 가마씩 수회 반출한 경우, 동일한 기회에 같은 부녀를 수회 간음한 경우[27]가 여기에 해당한다.

접속범이 성립하기 위해서는 ① 단일한 범의가 있어야 하고, ② 수개의 행위가 시간적 · 장소적으로 접속하여 행하여져야 하며, ③ 침해되는 법익이 같아야 한다. 수개의 행위로 다른 법익을 침해하거나 전속적 법익의 경우에 다른 주체의 법익을 침해하는 때에는 접속범이 되지 않는다.[28]

> **ㅁ 판례(대법원 2002. 6. 14, 2002도0256)**
>
> 동일 죄명에 해당하는 수개의 행위를 단일하고 계속된 범의 하에 일정기간 계속하여 행하고 그 피해법익도 동일한 경우에는 이들 각 행위를 통틀어 포괄일죄로 처단하여야 한다.

(4) 연속범

1) 연속범의 의의

연속범이란 연속하여 행해진 수개의 행위가 동종의 구성요건을 수회 실현하였으나 포괄적으로 일죄가 되는 경우를 말한다. 예를 들면 회사의 경리사원이 수개월동안 수회에 걸쳐 연속하여 회사의 돈을 훔친 경우, 공무원이 20 여일동안 3회에 걸쳐서 한 사람으로 부터 동일한 직무에 관하여 동일한 명목으로 금품을 받은 경우[29]가 여기에 해당한다. 연속범은 수개의 행위가 동일한 구성요건에 해당할 필요가 없고 수개의 행위의 시간적 · 장소적 접속을 요하지 않는다는 점에서 접속범과 구별된다.[30]

연속범이 일죄에 해당하는지 또는 수죄에 해당하는지에 대하여는 견해가 대립한다. 연속범은 접속범과 구별되어야 하고 수죄를 범한 자에게 혜택을

27) 대법원 1970. 9. 29, 70도1516.
28) Jescheck/Weigend, S.713.
29) 대법원 1983. 11. 8, 83도711.
30) 이재상, 531면.

주는 것은 정당한 형벌이념과 실질적 정의에 반하므로 경합범이라는 견해[31]가 있으나 포괄일죄로 보는 견해가 다수설[32]이다. 그 이유로는 법관이 개개 범죄의 성립을 모두 확정하고 전체형벌을 정하는 것은 소송경제에 반한다는 것[33]을 든다. 생각건대 불법내용을 고려할 때 일죄가 되는 수개의 행위를 수죄로 처벌하는 것은 이중처벌로서 오히려 정당한 형벌이념에 반하는 것이므로 연속범은 포괄일죄가 된다고 해야 한다. 판례도 연속범이 포괄일죄가 된다고 판시한다.[34]

ㅁ 판례(대법원 2000. 1. 21, 99도4940)

단일하고도 계속된 범의 아래 동종의 범행을 일정기간 반복하여 행하고 그 피해법익도 동일한 경우에는 각 범행을 통틀어 포괄일죄로 볼 것이고, 수뢰죄에 있어서 단일하고도 계속된 범의 아래 동종의 범행을 일정기간 반복하여 행하고 그 피해법익도 동일한 것이라면 돈을 받은 일자가 상당한 기간에 걸쳐 있고, 돈을 받은 일자 사이에 상당한 기간이 끼어 있다 하더라도 각 범행을 통틀어 포괄일죄로 볼 것이다.

ㅁ 판례(대법원 2008. 12. 11, 2008도6987)

타인의 사무를 처리하는 자가 동일인으로부터 그 직무에 관하여 부정한 청탁을 받고 여러 차례에 걸쳐 금품을 수수한 경우, 그것이 단일하고도 계속된 범의 아래 일정기간 반복하여 이루어진 것이고 그 피해법익도 동일한 때에는 이를 포괄일죄로 보아야 한다. 다만, 여러 사람으로부터 각각 부정한 청탁을 받고 그들로부터 각각 금품을 수수한 경우에는 비록 그 청탁이 동종의 것이라고 하더라도 단일하고 계속된 범의 아래 이루어진 범행으로 보기 어려워 그 전체를 포괄일죄로 볼 수 없다.

---

31) 신동운, 738면; 이정원, 447면; 진계호, 420면.

32) 김일수/서보학, 691면; 박상기, 480면; 배종대, 759면; 손동권, 502면; 오영근, 783면; 유기천, 318면; 이재상, 532면; 이형국, 425면; 임웅, 563면; 조준현, 349면.

33) 이재상, 532면.

34) 대법원 2008. 12. 11, 2008도6987; 2006. 2. 23, 2005도8645; 2002. 7. 12, 2002도2029; 2000. 1. 21, 99도4940; 1995. 12. 26, 95도2376; 1983. 11. 8, 83도771.

2) 연속범의 성립요건

연속범이 성립하기 위해서는 ① 침해되는 법익이 같아야 하고, ② 침해방법이 동일하여야 하며, ③ 단일한 범의를 가져야 한다.

(가) 법익의 동일성

연속범은 동일한 법익을 침해하여야 한다. 그러나 생명 · 신체 · 자유 · 명예 · 태아 등과 같은 전속적 법익에 있어서는 침해법익이 동일하더라도 법익의 주체가 다른 때에는 연속범이 성립하지 않는다. 따라서 수인을 살해하거나 상해한 경우, 여러 명의 부녀를 강간한 경우, 수인의 명예를 훼손한 경우에는 연속범이 되지 않는다. 수개의 행위는 동일한 구성요건에 해당하거나 기본적 구성요건과 가중 또는 감경적 구성요건의 관계 또는 미수와 기수의 관계에 있어야 한다. 따라서 사기죄와 횡령죄, 절도죄와 장물죄, 절도죄와 강도죄 등은 연속범이 될 수 없다.

(나) 침해방법의 동일성

연속된 수개의 행위는 동일하거나 유사한 범행방법으로 행해져야 한다. 따라서 고의범과 과실범, 작위범과 부작위범, 정범과 공범은 연속범이 될 수 없다.

(다) 범의의 단일성

연속범의 주관적 요건으로 범의의 단일성이 요구된다. 범의의 단일성에 대하여 전체고의가 있어야 한다는 견해[35]와 계속고의가 필요하다는 견해[36]가 대립한다. 전체고의란 행위자가 실행에 착수할 때부터 범행의 시간, 장소, 방법 등을 전부 인식하고 이를 단계적으로 실현하려는 의사를 말한다. 반면 계속고의는 뒤의 행위에 대한 고의가 앞의 행위와 계속적인 심리적 연관을 가지고 있다는 것을 의미한다. 범의의 단일성을 전체고의로 해석하는 때에는 계획적이고 치밀한 행위자가 유리하게 되므로[37] 전체고

---

35) Baumann/Weber/Mitsch, S. 811; Jescheck/Welgend, S. 716.
36) Maurach/Gössel/Zipf, S.307; Schönke/Schröder/Cramer/Sternberg-Lieben, Vor § 52 Rn.52.
37) 이재상, 535면.

의설은 타당하다고 할 수 없다. 판례도 범의의 계속성을 포괄일죄의 주관적 요건으로 보고 있다.[38)]

3) 연속범의 효과

실체법적으로 연속범은 포괄하여 일죄에 해당한다. 즉 행위자는 일죄로 처벌된다. 예를 들면 회사의 대표이사가 재직 중 회사공금을 가지급금 등의 명목으로 반복하여 인출, 사용한 경우 횡령죄만 성립하고,[39)] 수개의 업무상횡령행위의 경우에 업무상횡령죄로 처벌된다[40)]

소송법적으로도 연속범은 행위의 단일성이 인정되므로 일죄로 간주된다. 따라서 연속범에 대한 유죄판결이 확정된 경우에 그 판결의 기판력은 판결 이전에 범한 모든 행위에 미친다. 그 행위에 대하여 공소가 제기된 경우에는 면소판결을 선고하여야 한다(형사소송법 제326조).

(5) 집합범

1) 집합범의 의의

집합범이란 다수의 동종의 행위가 동일한 의사에 의하여 반복하여 행해지지만 포괄하여 일죄가 되는 경우를 말한다. 예를 들면 영업범, 직업범 및 상습범이 그것이다. 영업범이란 행위자가 범행의 반복을 수입원으로 삼는 경우를 말한다. 직업범이란 범행의 반복이 직업적 활동이 된 경우를 말한다. 상습범이란 행위자가 범죄의 반복으로 얻은 습벽으로 인하여 죄를 범하는 경우를 말한다. 집합범은 포괄일죄라는 것이 다수설[41)]과 판례[42)]의 입장이다. 이에 대하여 집합범이 일죄가 된다고 하는 것은 특수한 에너지를 가진 범죄인에게 부당한 특혜를 준다는 비판이 제기된다. 그러나 형법

38) 대법원 1996. 4. 23, 96도417; 2004. 4. 28, 2004도927; 2005. 9. 28, 2005도3929; 2009. 10. 29, 2009도8069.
39) 대법원 2009. 10. 29, 2009도8069.
40) 대법원 2006. 11. 9, 2004도4234.
41) 김일수/서보학, 694면; 배종대, 764면; 신동운, 686면; 유기천, 315면; 임웅, 565면; 정성근/박광민, 619면; 조준현, 350면.
42) 대법원 2004. 9. 16. 선고 2001도3206; 2003. 12. 26, 2003도6288; 2001. 8. 21, 2001도3312.

은 상습범을 이미 가중 처벌하고 있기 때문에 상습범을 경합범으로 처벌하는 것은 재가중이 되므로 타당하지 않다.[43]

ㅁ 판례(대법원 2001. 8. 21, 2001도3312)

약사법 제35조 제1항은 '약국개설자가 아니면 의약품을 판매하거나 판매의 목적으로 취득할 수 없다.'고 규정하고 있고, 벌칙 조항인 제74조 제1항에서는 위 제35조 제1항의 규정에 위반한 자를 형벌에 처하도록 규정하고 있으며, 한편 동일 죄명에 해당하는 수 개의 행위를 단일하고 계속된 범의 하에 일정기간 계속하여 행하고 그 피해법익도 동일한 경우에는 이들 각 행위를 통틀어 포괄일죄로 처단하여야 할 것인바, 약국개설자가 아님에도 단일하고 계속된 범의 하에 일정기간 계속하여 의약품을 판매하거나 판매의 목적으로 취득함으로써 약사법 제35조 제1항에 위반된 행위를 한 경우, 위에서 본 약사법의 관련 조항의 내용 및 법리 등에 비추어, 이는 모두 포괄하여 약사법 제74조 제1항 제1호, 제35조 제1항 소정의 일죄를 구성한다.

ㅁ 판례(대법원 2000. 2. 11, 99도4797)

상습사기죄에 있어서의 상습성이라 함은 반복하여 사기행위를 하는 습벽으로서 행위자의 속성을 말하고, 여기서 말하는 사기행위의 습벽은 행위자의 사기습벽의 발현으로 인정되는 한 동종의 수법에 의한 사기범행의 습벽만을 의미하는 것이 아니라 이종의 수법에 의한 사기범행을 포괄하는 사기의 습벽도 포함한다.

ㅁ 판례(대법원 1993. 3. 26, 92도3405)

무허가유료직업소개 행위는 범죄구성요건의 성질상 동종행위의 반복이 예상되는데, 반복된 수개의 행위 상호간에 일시·장소의 근접, 방법의 유사성, 기회의 동일, 범의의 계속 등 밀접한 관계가 있어 전체를 1개의 행위로 평가함이 상당한 경우에는 포괄적으로 한 개의 범죄를 구성한다.

---

43) 같은 의견으로는 배종대, 755면.

(6) 포괄일죄의 효과

포괄일죄는 실체법적으로 일죄에 해당하므로 행위자는 하나의 죄로 처벌된다. 서로 다른 구성요건에 해당하는 행위가 포괄일죄에 해당하는 때에는 가장 중한 죄 하나만 성립한다. 따라서 행위가 행해지는 중간에 형의 변경이 있는 때에는 최후의 행위시법이 적용된다.[44] 포괄일죄로 되는 개개의 범죄행위가 다른 종류의 죄의 확정판결의 전후에 걸쳐서 행하여진 경우에는 확정판결 후인 최종의 범죄행위시에 완성되는 것이다.[45] 판례는 원래 상습사기의 일죄로 포괄될 수 있는 일련의 사기 범행의 중간에 동종의 죄에 관한 확정판결이 있는 경우 확정판결 전후의 각 사건 사이에는 동일성이 인정되는지 않는다[46]고 하였으나 그 후 이를 변경하여 확정판결을 받은 범죄사실과 그 확정판결의 사실심판결 선고 전에 저질러진 범죄사실이 상습범으로서 포괄일죄에 해당하는 것으로 평가될 수 있다고 하더라도 그 확정판결의 기판력이 그 전에 저질러진 범죄사실에까지 미치기 위하여는 그 확정판결에서 당해 피고인이 상습범으로 공소제기되어 처단되었어야 한다고 판시한다.[47] 포괄일죄의 일부에 가담한 때에는 공범이 성립할 수 있다.

□ 판례(대법원 1998. 2. 24, 97도183)

포괄일죄로 되는 개개의 범죄행위가 법 개정의 전후에 걸쳐서 행하여진 경우에는 신·구법의 법정형에 대한 경중을 비교하여 볼 필요도 없이 범죄 실행 종료시의 법이라고 할 수 있는 신법을 적용하여 포괄일죄로 처단하여야 한다.

---

44) 대법원 1998. 2. 24, 97도183; 2009. 4. 9, 2009도321.
45) 대법원 2003. 8. 22. 선고 2002도5341; 2001. 8. 21, 2001도3312.
46) 대법원 2000. 2. 11, 99도4797.
47) 대법원 2004. 9. 16, 2001도3206; 2010. 5. 27, 2010도2182.

포괄일죄는 소송법적으로도 일죄에 해당하므로 포괄일죄의 일부분에 대한 공소제기의 효력과 기판력은 사실심인 항소심판결선고시까지 범하여진 다른 행위에 대해서도 미친다.[48] 이 행위에 대하여 공소가 제기된 때에는 면소판결을 선고하여야 한다.

ㅁ 판례(대법원 1990. 5. 22, 89도1984)

유죄판결을 선고받고 확정된 사기죄의 범죄사실과 그 판결선고 전에 범한 것으로 후에 공소제기된 이 사건 공소범죄사실이 그 수법에 있어 서로 동일 내지 유사하며 피고인은 4회의 사기죄의 전과가 있음에도 불구하고 또 다시 단기간 내에 동종의 범죄를 반복한 것에 비추어 보면 확정판결의 사기죄 범죄사실과 그 판결선고 전에 있었던 이 사건 사기공소 범죄사실은 상습사기죄의 포괄일죄의 관계에 있고 위 사기죄에 대한 확정판결은 이 사건 공소사실에도 미친다 할 것이므로 이 사건 공소사실에 대해서는 확정판결이 있는 때에 해당한다는 이유로 면소판결을 선고할 것이다.

48) 대법원 2000. 2. 11. 선고 99도4797; 1993. 5. 14, 92도2585; 1990. 5. 22, 89도1984.

제3장 수 죄

I. 상상적 경합범

1. 상상적 경합범의 의의

상상적 경합(Idealkonkurrenz)이란 한 개의 행위가 동종의 구성요건을 수회 실현하거나 수개의 구성요건을 실현하고 수죄가 되는 경우를 말한다. 예를 들면 한 개의 수류탄을 군중에 던져 수명을 살해하는 경우, 주먹으로 얼굴을 때려 상해를 가하고 안경을 손괴하는 경우가 여기에 해당한다. 전자의 경우에는 생명은 전속적 법익이므로 수개의 살인죄(형법 제250조)가 성립하고 후자의 경우에는 침해된 법익이 다르므로 상해죄(형법 제257조)와 손괴죄(형법 제366조)가 성립한다. 형법 제40조는 "1개의 행위가 수개의 죄에 해당하는 경우에는 가장 중한 죄에 정한 형으로 처벌한다"고 상상적 경합을 규정하고 있다. 즉 상상적 경합은 실질적으로 수죄에 해당하지만 과형상 일죄가 된다. 상상적 경합은 수죄라는 점에서 일죄인 법조경합과 다르고, 한 개의 행위로 수개의 구성요건을 실현한다는 점에서 수개의 행위로 수개의 구성요건을 실현하는 실체적 경합범과 구별된다. 상상적 경합이 일죄인가 수죄인가의 구별이 실질적 의의가 있는 것은 아니라는 견해[49]도 있으나 실질적으로 일죄인 법조경합과 엄격히 구별되어야 하므로 타당하지 않다.[50]

2. 상상적 경합의 성립요건

상상적 경합이 성립하기 위해서는 ① 1개의 행위, ② 동종의 구성요건이 수회 실현되거나 수개의 상이한 구성요건이 실현될 것, ③ 수개의 죄를 요한다.

---

49) 박상기, 487면; 배종대, 768면; 성낙현, 690면; 이재상, 539면; 이형국, 427면; 정성근/박광민, 631면.
50) 같은 견해로는 임웅, 568면.

(1) 1개의 행위

1) 행위의 동일성

상상적 경합에서 행위란 구성요건적 행위를 말한다. 예를 들면 1개의 수류탄을 던져 수명을 살해한 경우에 1개의 수류탄을 던지는 행위는 살인죄의 구성요건적 행위인 살해행위에 해당한다. 1개의 행위란 행위의 동일성을 말한다. 행위의 동일성은 구성요건적 행위가 완전히 일치하는 경우뿐만 아니라 부분적으로 일치하는 경우에도 인정된다.[51] 예를 들면 공연히 따귀를 때리는 경우에는 폭행죄와 모욕죄의 구성요건적 행위가 완전히 일치하는 경우이고 타인을 기망하기 위하여 위조문서를 사용하는 경우에는 위조문서행사죄와 사기죄의 구성요건적 행위가 부분적으로 일치하는 경우이다.

(가) 1개의 행위는 객관적 행위의 동일성을 의미하므로 고의범과 과실범 사이에도 상상적 경합이 가능하다. 예를 들면 고의로 타인의 개를 죽이고 과실로 개 주인에게 상해를 가한 경우가 여기에 해당한다. 수개의 부작위범도 상상적 경합관계에 있을 수 있다. 이 경우에 행위의 동일성은 명령된 행위의 동일성을 의미한다. 예를 들면 개의 주인이 타인을 물고 옷을 찢는 개를 방치한 부작위에 의해서 상해죄와 손괴죄 사이에는 상상적 경합이 인정된다. 그러나 작위범과 부작위범 사이에는 행위의 동일성이 인정되지 않으므로 상상적 경합이 성립할 수 없다.[52]

(나) 결합범이나 결과적 가중범의 경우에도 행위의 동일성이 인정되면 상상적 경합이 인정된다고 한다. 예를 들면 현주건조물에 방화하여 사람을 살해한 때에는 살인죄와 현주건조물방화치사죄의 상상적 경합이 된다고 한다.[53] 그러나 현주건조물방화치사죄는 공공위험죄로서 현주건조물에 방화하여 불특정 또는 다수를 살해한 때 성립하는 것이므로 현주건조물방화에

---

51) 김일수/서보학, 699면; 박상기, 488면; 배종대, 770면; 이재상, 541면; 이정원, 451면; 임웅, 569면.
52) 김일수/서보학, 699면; 박상기, 490면; 배종대, 770면; 성낙현, 693면; 이재상, 541면; 이정원, 451면; 임웅, 569면.
53) 이재상, 541면; 대법원 1998. 12. 8, 98도3416.

의하여 특정인을 살해한 경우에는 살인죄와 현주건조물방화죄의 상상적 경합이 된다고 해야 한다.[54)]

(다) 계속범과 그 실행행위 중에 범한 범죄 사이에도 상상적 경합이 성립할 수 있다. 예를 들면 감금행위가 강간죄나 강도죄의 수단이 된 때에는 행위의 단일성이 인정되어 상상적 경합이 성립한다.[55)] 그러나 주거침입의 상태에서 강간죄 · 강도죄 · 절도죄 등을 범한 때에는 행위의 동일성이 없으므로 상상적 경합이 되지 않는다.

2) 연결효과에 의한 상상적 경합

수개의 독립된 범죄가 제3의 범죄에 의하여 연결되어 상상적 경합이 된 경우를 연결효과에 의한 상상적 경합이라고 한다. 예를 들면 음주운전을 하던 운전자가 각각 단속경찰관과 행인을 치여 사망과 상해에 이르게 한 경우에 과실치사죄와 과실치상죄는 이들 행위와 각각 상상적 경합관계에 있는 도로교통법위반(음주운전)에 의하여 상상적 경합이 된다. 연결효과에 의한 상상적 경합을 인정할 것인가에 대하여는 견해가 대립되고 있다. 연결행위의 불법내용이 다른 두 개의 행위에 비하여 가볍지 않을 것을 조건으로 연결효과에 의한 상상적 경합을 인정하는 견해[56)]가 있으나 부정하는 것이 타당하다고 생각한다.[57)] 실체적 경합관계에 있는 2개의 범죄가 각각 제3의 범죄와 상상적 경합관계에 있는 경우에 상상적 경합을 인정하여 경하게 처벌할 특별한 이유를 발견할 수 없기 때문이다. 이 경우에 2개의 범죄를 실체적 경합으로 가중한 형을 정한 후에 이와 상상적 경합관계에 있는 제3의 행위와 비교하여 중한 형으로 처벌하자는 주장이 있다.[58)] 그러

54) 김선복, 현주건조물방화치사죄의 성립요건, 비교형사법연구(2005. 7권), 369면 이하.
55) 김일수/서보학, 700면; 배종대, 770면; 이재상, 543면; 이정원, 451면; 임웅, 569면; 대법원 1983. 4. 26, 83도323.
56) 김일수/서보학, 700면; 배종대, 771면; 이정원, 453면; 이형국, 428면; 임웅, 570면; 정성근/박광민, 641면.
57) 박상기, 491면; 성낙현, 695면; 오영근, 811면; 이재상, 544면.
58) 이재상, 545면.

나 2개의 범죄를 각각 이와 상상적 경합관계에 있는 제3의 범죄와 비교하여 각각 중한 죄를 정한 후 실체적 경합의 처벌규정에 따라 가중한 형으로 처벌하는 방식이 타당하다고 생각한다.

판례는 연결효과에 의한 상상적 경합을 인정하지 않으나 처벌에 있어서는 긍정설과 같은 입장이다.[59]

> **□ 판례(대법원 2001. 2. 9, 2000도1216)**
>
> 형법 제131조 제1항의 수뢰후부정처사죄에 있어서 공무원이 수뢰후 행한 부정행위가 공도화변조 및 동행사죄와 같이 보호법익을 달리하는 별개 범죄의 구성요건을 충족하는 경우에는 수뢰후부정처사죄 외에 별도로 공도화변조 및 동행사죄가 성립하고 이들 죄와 수뢰후부정처사죄는 각각 상상적 경합 관계에 있다고 할 것인바, 이와 같이 공도화변조죄와 동행사죄가 수뢰후부정처사죄와 각각 상상적 경합범 관계에 있을 때에는 공도화변조죄와 동행사죄 상호간은 실체적 경합범 관계에 있다고 할지라도 상상적 경합범 관계에 있는 수뢰후부정처사죄와 대비하여 가장 중한 죄에 정한 형으로 처단하면 족한 것이고 따로이 경합범 가중을 할 필요가 없다.

(2) 동종의 구성요건을 수회 실현하거나 수개의 상이한 구성요건을 실현할 것

1) 전속적 법익의 경우

생명 · 신체 · 자유 · 명예 · 비밀 등과 같은 전속적 법익의 경우에는 침해된 법익이 같더라도 법익주체의 수만큼 동종의 구성요건이 실현되어야 한다. 예를 들면 1개의 수류탄을 던져 10명을 살해한 경우에 살인죄의 구성요건이 10번 실현되고 10개의 살인죄 사이에 상상적 경합이 인정된다. 이를 동종의 상상적 경합이라고 한다.

---

59) 대법원 2001. 2. 9, 2000도1216; 1983. 7. 26, 83도1378.

2) 비전속적 법익의 경우

비전속적 법익인 경우에는 보호법익이 다른 수개의 구성요건이 실현되어야 한다. 이를 이종의 상상적 경합이라고 한다. 따라서 보호법익이 같은 동종의 구성요건이 수회 실현된 때에는 상상적 경합이 성립하지 않는다. 재산죄 가운데 강도죄나 공갈죄와 같이 전속적 법익을 부차적으로 보호하는 범죄에 있어서는 동종의 상상적 경합이 가능하다는 견해[60]가 있으나 이들 범죄도 재산죄에 속하므로 이를 부정하는 것이 타당하다. 재산범죄의 경우에 1개의 행위로 수인의 재산권이 침해되더라도 1개의 범죄가 성립할 뿐이다.

(3) 수개의 죄

1개의 행위로 동종의 구성요건을 수회 실현하거나 수개의 상이한 구성요건을 실현한 것이 수개의 죄에 해당하여야 한다. 예를 들면 1개의 행위로 수인의 명예를 훼손한 것이 수개의 명예훼손죄가 되거나 타인의 자동차를 손괴하여 운전자에 상해를 가한 것이 손괴죄와 상해죄에 해당하여야 한다.

3. 상상적 경합의 법적 효과

(1) 실체법적 효과

상상적 경합은 가장 중한 죄에 정한 형으로 처벌한다(형법 제40조). 형법은 상상적 경합을 실체법상 수죄로 보지만 과형상 일죄로 처벌하고 있다. 여기서 가장 중한 죄에 정한 형이란 법정형을 말하고 중한 형인지 여부는 형법 제50조에 따라 결정한다. 이때 형의 상한뿐 아니라 형의 하한도 비교·대조하여야 하고 경한 죄의 부가형이나 병과형도 고려하여야 한다. 중한 형만 비교하는 중점적 대조주의에 대하여 이를 전체적 대조주의라고 한다. 따라서 상상적 경합에 있어서는 수죄의 법정형 중에서 상한과 하한이 모두

60) 이재상, 545면.

중한 형으로 처벌하고[61] 경한 죄에 병과형이나 부가형이 있을 때에는 이를 병과하여야 한다.

> **ㅁ 판례(대법원 2008. 12. 24, 2008도9169)**
>
> 형법 제40조가 규정하는 1개의 행위가 수개의 죄에 해당하는 경우에는 「가장 중한 죄에 정한 형으로 처벌한다」함은 그 수개의 죄명 중 가장 중한 형을 규정한 법조에 의하여 처단한다는 취지와 함께 다른 법조의 최하한의 형보다 가볍게 처단할 수는 없다는 취지 즉, 각 법조의 상한과 하한을 모두 중한 형의 범위 내에서 처단한다는 것을 포함한다.

(2) 소송법적 효과

상상적 경합은 과형상 일죄로 처벌되므로 소송법적으로 1개의 죄로 취급된다. 따라서 수죄의 일부에 대한 공소제기의 효력이나 기판력은 상상적 경합관계에 있는 범죄 전부에 대해서 미친다. 수죄 가운데 일부만 무죄인 경우에는 판결주문에서 무죄를 선고할 필요가 없다. 그러나 상상적 경합은 실질적으로 수죄이므로 판결이유에서 상상적 경합관계에 있는 모든 범죄사실과 적용법조를 기재하여야 하고 일부가 무죄인 경우에는 그 이유를 설명하여야 한다.

친고죄와 비친고죄가 상상적 경합관계에 있는 경우에 고소는 비친고죄에 대하여는 효력이 없다.

II. 실체적 경합(경합범)

1. 실체적 경합의 의의

실체적 경합(Realkonkurrenz)이란 수개의 행위로 수개의 구성요건을 실현한 것이 수죄에 해당하는 경우를 말한다. 형법은 경합범을 판결이 확정

61) 대법원 1983. 2. 28, 83도3160.

되지 아니한 수개의 죄 또는 금고 이상의 형에 처한 판결이 확정된 죄와 그 판결이 확정되기 전에 범한 죄로 정의한다(형법 제37조). 예를 들면 타인의 주거에 침입하여 재물을 절취하는 경우에 주거침입죄와 절도죄는 경합범이 된다. 실질적 경합은 수개의 행위를 요한다는 점에서 한 개의 행위를 전제로 하는 상상적 경합과 구별되지만 수죄라는 점에서는 법조경합이나 포괄일죄와 구별된다.

실체적 경합은 실질적으로 수죄이므로 각 죄에 정한 형을 병과할 수도 있으나 이는 행위자의 책임을 지나치게 초과할 수 있으므로 형법은 가중주의(형법 제38조 제1항 2호)를 기본원칙으로 하고 있다.

2. 실체적 경합의 성립요건

형법 제37조는 경합범을 동시적 경합범과 사후적 경합범으로 구별하고 그 성립요건도 다르게 규정하고 있다.

(1) 동시적 경합범

동시적 경합범이란 판결이 확정되지 아니한 수개의 죄를 말한다(형법 제37조 전단). 동시적 경합범이 성립하기 위해서는 수개의 행위로 수개의 구성요건을 실현하고, 이것이 수개의 죄에 해당하여야 하고, 판결이 확정되지 않아야 한다. 판결의 확정이란 판결이 상소 등의 통상의 불복방법에 의하여 다툴 수 없는 상태를 말한다.[62] 판결이 확정되지 않은 수개의 죄는 동시에 판결할 수 있어야 한다. 따라서 수개의 죄는 기소되어야 한다. 수개의 죄 가운데 일부만 기소된 경우에는 항소심에서 추가로 기소되어 병합심리가 가능할 때 경합범이 될 수 있다.[63]

---

62) 대법원 1983. 7. 12, 83도1200.
63) 대법원 1972. 5. 9, 72도597.

(2) 사후적 경합범

사후적 경합범이란 금고 이상의 형에 처한 판결이 확정된 죄와 그 판결 확정 전에 범한 죄를 말한다(형법 제37조 후단). 예를 들면 ABCDE의 범죄 가운데 C의 죄에 대하여 유죄판결이 확정된 경우에는 ABC의 범죄가 사후적 경합범이 되고 확정판결 후에 저질러진 DE의 범죄는 동시적 경합범이다. 확정판결이전의 범죄와 이후의 범죄 사이에는 경합범이 인정되지 않으므로[64] ABC의 범죄와 DE의 범죄는 경합범이 되지 않는다.

확정판결은 금고 이상의 형에 처한 것이어야 한다. 벌금형이나 약식명령 또는 즉결심판을 과하는 확정판결은 여기에 해당하지 않는다. 금고 이상의 형에 처한 확정판결에는 집행유예 또는 선고유예의 확정판결뿐만 아니라 판결의 유예기간의 경과로 형의 선고가 실효되었거나 면소된 것으로 간주되는 경우[65] 또는 일반사면이 있는 경우[66]도 포함된다.

□ 판례(대법원 1995. 12. 22, 95도2446)

사면법 제5조 제1항 제1호 소정의 '일반사면은 형의 언도의 효력이 상실된다.'는 의미는 형법 제65조 소정의 '형의 선고는 효력을 잃는다.'는 의미와 마찬가지로 단지 형의 선고의 법률적 효과가 없어진다는 것일 뿐 형의 선고가 있었다는 기왕의 사실 자체의 모든 효과까지 소멸한다는 뜻은 아니다. 확정판결의 죄에 대하여 일반사면이 있다 하더라도 일사부재리의 효력 등은 여전히 계속 존속하는 것이고, 확정판결이 있었던 사실에 의하여 그 전의 죄와 후의 죄 등이 형법 제37조 후단의 경합범관계에 있었다고 하는 효과도 일반사면에 의하여 좌우되는 것은 아니다.

확정판결 전에 범한 죄는 최종적으로 사실심리를 할 수 있는 항소심판결 선고 전에 범한 죄를 의미한다.[67] 확정판결의 기판력도 항소심판결선고 전

64) 대법원 1970. 12. 22, 70도2271.
65) 대법원 1992. 11. 24, 92도1417.
66) 대법원 1983. 7. 12, 83도1200.
67) 배종대, 779면; 이재상, 551면.

에 범한 죄에 미친다.

죄를 범한 시기는 기수시가 아니라 종료시를 기준으로 한다. 따라서 계속범의 경우에 위법상태가 유지되는 도중에[68] 또는 포괄일죄의 중간에 확정판결이 있는 때[69]에는 범죄의 종료가 없으므로 형법 제37조의 사후적 경합범이 인정되지 않는다.

3. 실체적 경합의 처벌

(1) 동시적 경합범의 처벌

동시적 경합범은 형법 제38조에 의하여 처벌한다. 형법은 가중주의를 기본원칙으로 하고 흡수주의와 병과주의를 보충적으로 적용하고 있다.

1) 가중주의

가중주의에 의하면 가장 중한 죄에 정한 형이 사형 또는 무기징역이나 무기금고 이외의 동종의 형인 때에는 가장 중한 죄에 정한 장기 또는 다액의 2분의1까지 가중하여 처벌하되, 각 죄에 정한 형의 장기 또는 다액을 합산한 형기 또는 액수를 초과할 수 없다(형법 제38조 제1항 2호). 다만 과료와 과료, 몰수와 몰수는 병과할 수 있다(동호 단서). 이 경우에 있어서 징역과 금고는 동종의 형으로 간주하여 징역형으로 처벌한다(동조 제2항). 유기징역에 대하여 형을 가중하는 때에는 50년까지로 한다(형법 제42조 단서). 각 죄에 선택형이 규정된 경우에는 먼저 형종을 선택하고 가장 중한 죄에 정한 형의 장기 또는 다액의 2분의1까지 가중한다.[70]

2) 흡수주의

흡수주의에 의하면 가장 중한 죄에 정한 형이 사형 또는 무기징역이나

68) 이재상, 551면.
69) 대법원 1997. 10. 10, 97도1834; 1986. 2. 25, 85도2767, "상습범과 같은 이른바 포괄적 일죄는 그 중간에 별종의 범죄에 대한 확정판결이 끼어 있어도 그 때문에 포괄적 범죄가 둘로 나뉘는 것은 아니라 할 것이고, 또 이 경우에는 그 확정판결후의 범죄로서 다루어야 한다."
70) 대법원 1959. 10. 15, 4292형상279.

무기금고인 때에는 가장 중한 죄에 정한 형으로 처벌한다(형법 제38조 제1항 1호). 사형, 무기징역이나 무기금고에 다른 형을 가중하거나 병과하는 것은 무의미하고 지나치기 때문이다.

3) 병과주의

병과주의에 의하면 각 죄에 정한 형이 무기징역이나 무기금고 이외의 이종의 형인 때에는 병과한다(형법 제38조 제1항 3호). 이종의 형이란 유기징역과 벌금 또는 과료, 벌금과 과료, 자격정지와 구류 등과 같이 형의 종류가 다른 것을 말한다. 병과주의는 각 죄에 정한 형이 이종인 경우뿐 아니라 일죄에 대하여 이종의 형을 병과한다고 규정한 경우에도 적용된다.

(2) 사후적 경합범의 처벌

1) 형의 선고

경합범 중 판결을 받지 아니한 죄가 있는 때에는 그 죄와 판결이 확정된 죄를 동시에 판결할 경우와 형평을 고려하여 그 죄에 대하여 형을 선고한다. 이 경우 그 형을 감경 또는 면제할 수 있다(형법 제39조 제1항). 이는 사후적 경합범의 처벌에 관한 규정이다. 이 규정의 취지는 원래 동시적 경합범의 예에 의하여 1개의 형으로 처벌받을 수 있었음에도 불구하고 경합범 중 일부가 법원에 알려지지 않았다는 이유로 재판이 분리되어 형이 각각 선고됨으로써 사후적 경합범이 동시적 경합범에 비하여 무겁게 처벌되는 것을 방지하는 데 있다.[71] 따라서 판결을 받지 아니한 죄에 대한 형의 선고는 형법 제38조의 범위를 초과할 수 없다. 수개의 죄 중 판결이 확정된 죄가 있는 경우에는 그 판결 전후의 범죄는 경합범이 아니므로 이 범죄에 대해서는 분리된 재판에 의하여 각각 형이 선고되어야 한다.

---

71) 대법원 2004. 2. 13, 2003도7554.

2) 형의 집행과 경합범

경합범에 의한 판결의 선고를 받은 자가 경합범 중의 어떤 죄에 대하여 사면 또는 형의 집행이 면제된 때에는 다른 형에 대하여 다시 형을 정한다(형법 제39조 제3항). 이 규정은 경합범에 대하여 1개의 형이 선고되었을 때 적용한다.[72] 다시 형을 정한다고 하는 것은 심판을 다시 한다는 것이 아니라 형의 집행을 다시 정한다는 것이다. 이 경우에 이미 집행한 형기를 통산한다(형법 제39조 제4항).

ㅁ 판례(대법원 2004. 2. 13, 2003도7554)

2004. 1. 20. 법률 제7077호로 공포·시행된 형법 제37조 후단은 종전의 '판결이 확정된 죄'를 '금고 이상의 형에 처한 판결이 확정된 죄'로 개정하여 규정하고 있는바, 위 개정법률은 특별한 경과규정을 두고 있지 않으나, 형법 제37조는 경합범의 처벌에 관한 규정으로서 일반적으로는 두 개의 형을 선고하는 것보다는 하나의 형을 선고하는 것이 피고인에게 유리하므로, 위 개정법률을 적용하는 것이 오히려 피고인에게 불리하게 되는 등의 특별한 사정이 없는 한 형법 제1조 제2항을 유추적용하여 위 개정법률 시행 전에 벌금형 및 그보다 가벼운 형에 처한 판결이 확정된 경우에도 적용되는 것으로 보아야 할 것이다. 이 사건에서 위 개정법률을 적용하는 것이 피고인에게 오히려 불리하게 된다고 볼 만한 사정은 찾아볼 수 없으므로 피고인에게는 위 개정법률을 적용하여야 할 것이고, 따라서 피고인이 각 벌금형의 확정 전후에 범한 각 죄는 형법 제37조 전단의 경합범 관계에 있으므로 그에 대하여 하나의 형을 선고하여야 할 것이다.

72) 배종대, 783면; 이재상, 554면.

제 4 편

형벌과 보안처분

제 1 장 형 벌

제 1 절 형벌의 의의와 종류

I. 형벌의 의의

형벌은 범죄에 대한 법률효과로서 보안처분과 함께 국가에 의하여 부과되는 형사제재에 속한다. 따라서 형벌이란 범죄를 저지른 자, 즉 범죄인의 법익을 박탈하는 해악을 말한다. 형벌은 유책한 행위를 전제로 하여 범죄인에게 과하는 제재라는 점에서 책임 없이 재범의 위험성 때문에 과하여지는 보안처분과 구별된다. 국가가 과하는 제재라는 점에서 형벌은 공형벌(公刑罰)이고 국가적 형벌이므로 사인은 결코 형벌권의 주체가 될 수 없다. 또 형벌은 범죄에 대한 법률효과이므로 범죄를 전제로 한다. 즉 범죄가 없으면 형벌도 없는 것이다.

II. 형벌의 종류

형법이 규정하고 있는 형벌에는 사형 · 징역 · 금고 · 자격상실 · 자격정지 · 벌금 · 구류 · 과료 · 몰수가 있다(형법 제41조). 사형은 생명형, 징역 · 금고 · 구류는 자유형, 자격상실과 자격정지는 명예형, 벌금 · 과료 · 몰수는 재산형에 속한다. 형벌은 단독으로 선고될 수 있는 주형과 주형과 함께 선고될 수 있는 부가형으로 구별된다. 형법은 원칙적으로 몰수를 부가형으로 규정하고 있다(형법 제49조).

1. 사형

(1) 사형의 의의

사형은 수형자의 생명을 박탈하는 생명형이고 형법상의 형벌 가운데 가중 무거운 형벌에 속한다. 이러한 의미에서 사형을 극형이라고 한다.

오늘날 사형의 집행방법으로는 총살 · 참수 · 전기살 · 가스살 · 교살 · 교수 · 석살 · 주사살 등이 있다. 형법은 사형은 형무소에서 교수하여 집행한다고 규정하고 있다(형법 제66조). 다만 군형법은 총살형을 채택하고 있다(군형법 제3조).

형법상 사형이 선고될 수 있는 범죄로는 내란죄(형법 제87조), 외환죄(형법 제88조), 외환유치죄(형법 제92조), 여적죄(형법 제93조), 모병이적죄(형법 제94조), 시설제공이적죄(형법 제95조), 시설파괴이적죄(형법 제95조), 간첩죄(형법 제98조), 폭발물사용죄(형법 제119조), 현주건조물등방화치사죄(형법 제164조 제2항), 살인 · 존속살해죄(형법 제250조), 강간등살인죄(형법 제301조의2), 인질살해죄(형법 제324조의4), 강도살인죄(형법 제338조), 해상강도살인 · 치사 · 강간죄(형법 제340조 제3항)가 있다. 그 밖에 특별법에도 다수의 사형범죄가 규정되어 있다. 예를 들면 국가보안법, 특정범죄가중처벌등에관한법률, 성폭력범죄처벌및피해자보호등에관한법률, 폭력행위등처벌에관한법률 등이 그것이다.

(2) 사형존폐논쟁

1764년 베카리아가 그의 저서 "범죄와 형벌"에서 사형폐지를 주장한 이래로 사형폐지에 대한 논쟁은 계속되어 왔다. 오늘날 국제사면위원회가 국제적으로 사형폐지운동에 앞장서고 있고 우리나라에서는 1989년에 사형폐지운동협의회가 결성되어 사형폐지운동을 적극적으로 벌여나가고 있다. 이러한 사형폐지운동 때문에 많은 나라가 사형을 폐지하였으며, 사형폐지국은 아니지만 10년 이상 사형을 집행하지 않은 사실상 폐지국도 증가하고 있다. 우리나라도 사실상의 사형폐지국에 속한다.

1) 사형폐지론

사형폐지론은 다음과 같은 이유로 사형을 폐지해야 한다고 한다.[1]

① 사형은 야만적이고 잔인한 형벌로서 기본권의 본질적 내용인 생명권을 침해하므로 헌법에 반한다. ② 오판의 경우에 박탈된 생명을 회복하는 것이 불가능하다. ③ 사형은 일반예방의 효과가 없다. ④ 사형은 범죄인에 대한 교화·개선이라는 형벌의 목적을 달성할 수 없다. ⑤ 사형은 정치적 반대세력, 소수민족, 특정인종, 특정종교 등을 탄압하기 위한 도구로 악용될 위험이 있다. ⑥ 범죄의 원인에는 범죄인의 개인적 원인 이외에 사회환경적 원인도 있다는 것을 간과하고 있다.

2) 사형존치론

사형존치론은 다음과 같은 이유로 사형존치를 주장한다.[2]

① 사형은 일반예방적 효과를 가진다. ② 형벌의 목적은 응보이므로 극악한 범죄인을 사형에 처하는 것은 정의관념에 부합한다. ③ 사형폐지론이 이상적인 것이라고 하더라도 사회의 법의식이 사형을 요구할 때에는 사형은 적정하고 필요한 형벌이다.

3) 판례

대법원[3]과 헌법재판소는 형법상 사형제도가 헌법에 반하지 않는다고 한다. 다만 사형은 다른 생명이나 그에 못지아니한 공공의 이익을 위하여 불가피한 예외적 경우에 한하여 적용되어야 한다고 한다.

---

1) 김일수/서보학, 733면; 배종대, 795면; 오영근, 844면; 이정원, 499면; 이형국, 444면; 임웅, 588면; 진계호, 665면.

2) 박상기, 506면; 손동권, 624면; 유기천, 349면; 이재상, 563면; 정성근/박광민, 656면.

3) 대법원 1991. 2. 26. 선고 90도2906.

□ 판례(대법원 1991. 2. 26. 선고 90도2906)

헌법 제12조 제1항에 의하면 형사처벌에 관한 규정이 법률에 위임되어 있을 뿐 그 처벌의 종류를 제한하지 않고 있으며, 현재 우리나라의 실정과 국민의 도덕적 감정 등을 고려하여 국가의 형사정책으로 질서유지와 공공복리를 위하여 형법 등에 사형이라는 처벌의 종류를 규정하였다 하여 이것이 헌법에 위반된다고 할 수 없다.

□ 판례(헌법재판소 1996. 11. 28, 95헌바1)

한 생명의 가치만을 놓고 본다면 인간존엄성의 활력적인 기초를 의미하는 생명권은 절대적 기본권으로 보아야 함이 당연하고, 따라서 인간존엄성의 존중과 생명권의 보장이란 헌법정신에 비추어 볼 때 생명권에 대한 법률유보를 인정한다는 것은 이념적으로는 법리상 모순이라고 할 수도 있다. 그러나 생명권에 대한 제한은 곧 생명권의 완전한 박탈을 의미한다 할 것이므로 사형이 비례의 원칙에 따라서 최소한 동등한 가치가 있는 다른 생명 또는 그에 못지아니한 공공의 이익을 보호하기 위한 불가피성이 충족되는 예외적인 경우에만 적용되는 한, 그것이 비록 생명을 빼앗는 형벌이라 하더라도 헌법 제37조 제2항 단서에 위반되는 것으로 볼 수는 없다 할 것이다.

모든 인간의 생명은 자연적 존재로서 동등한 가치를 갖는다고 할 것이나 그 동등한 가치가 서로 충돌하게 되거나 생명의 침해에 못지아니한 중대한 공익을 침해하는 등의 경우에는 국민의 생명·재산 등을 보호할 책임이 있는 국가는 어떠한 생명 또는 법익이 보호되어야 할 것인지 그 규준을 제시할 수 있는 것이다. 인간의 생명을 부정하는 등의 범죄행위에 대한 불법적 효과로서 지극히 한정적인 경우에만 부과되는 사형은 죽음에 대한 인간의 본능적 인 공포심과 범죄에 대한 응보욕구가 서로 맞물려 고안된 "필요악"으로서 불가피하게 선택된 것이며 지금도 여전히 제 기능을 하고 있다는 점에서 정당화될 수 있다. 따라서 사형은 이러한 측면에서 헌법상의 비례의 원칙에 반하지 아니한다 할 것이고, 적어도 우리의 현행 헌법이 스스로 예상하고 있는 형벌의 한 종류이기도 하므로 아직은 우리의 헌법질서에 반하는 것이라고는 판단되지 아니한다.

4) 검토

헌법은 국민의 모든 자유와 권리는 국가안전보장 · 질서유지 또는 공공복리를 위하여 필요한 경우에 법률로서 제한할 수 있으며, 제한하는 경우에도 자유와 권리의 본질적 내용을 침해할 수 없다고 규정하고 있다(헌법 제37조 제2항). 즉 헌법은 예외적으로 국민의 자유와 권리를 제한할 수 있는 요건과 제한의 한계를 규정하고 있는 것이다. 자유와 권리의 제한의 한계는 자유와 권리의 본질적 내용을 침해하지 않는 것이다. 그 본질적 내용의 침해란 침해된 자유와 권리를 영원히 회복할 수 없게 만드는 것을 말한다. 생명을 박탈하는 사형은 생명권의 본질적 내용을 침해하므로 헌법 제37조 제2항 후단에 반한다.[4] 또한 전 세계 197개국 중 3분의 2인 139개국이 사형을 법률상 또는 사실상 폐지하였다는 사실은 사형에 위하력이 없다는 것을 명백하게 증명한다. 사실상 사형폐지국인 우리나라에서도 사형이 집행되지 아니한 기간에 살인죄가 증가하였다는 연구는 아직 없는 것으로 보인다. 그렇다고 한다면 사형을 존치시킬 이유는 없다고 생각한다.

2. 자유형

자유형이란 수형자의 신체적 자유를 박탈하는 형벌을 말한다. 자유형에는 징역, 금고 및 구류가 있다. 자유형의 주목적은 범죄인으로 하여금 속죄하게 하는 것 이외에 교화 · 개선에 의하여 범죄인을 재범의 위험성이 없는 사회인으로 사회에 복귀시키는 것, 즉 재사회화에 있다. 형의집행및수용자의처우에관한법률 제1조도 자유형의 집행목적은 수형자의 교정교화와 건전한 사회복귀에 있다고 규정하고 있다.

(1) 징역

징역이란 수형자를 교도소 내에 구치하여 정역에 복무케 하는 형벌을 말한다(형법 제67조). 징역에는 유기와 무기가 있다. 유기징역은 1개월 이상 30

4) 배종대, 795면; 이정원, 499면.

년 이하이고 가중하는 때에는 50년까지로 한다(형법 제42조). 무기징역은 기간이 없으므로 종신형에 속하지만 20년이 경과한 후에는 가석방이 가능하다(형법 제72조 제1항).

(2) 금고

금고란 수형자를 교도소에 구치하지만 정역을 과하지 않는 형벌이다. 금고는 정역에 복무하지 않는다는 점에서 징역과 구별된다. 금고는 과실범이나 정치범 등과 같이 수형자의 명예를 존중할 필요가 있는 경우에 과하여지는 명예적 구금에 해당한다.[5] 그러나 금고형의 집행에 있는 수형자에 대하여는 신청에 따라 작업을 부과할 수 있다(형의집행및수용자의처우에관한법률 제67조). 금고도 유기와 무기가 있으며 그 형기는 징역의 경우와 같다.

(3) 구류

구류란 수형자를 교도소에 구치하는 형벌을 말한다. 구류는 그 기간이 1일 이상 30일 미만이라는 점에서 징역 또는 금고와 구별된다. 구류는 형벌이므로 형사소송법의 강제처분인 구금(형사소송법 제69조 이하)나 벌금 · 과료를 납부하지 않을 경우의 환형처분인 노역장유치(형법 제69조 제2항, 제70조, 제71조)와 다르다.

(4) 단기자유형의 문제점

1) 단기자유형의 폐지

6개월 이하의 단기자유형은 ① 그 기간이 너무 짧아 사회복귀를 위한 개선교화의 효과를 거둘 수 없고, ② 위하력이 약하고, ③ 전과자로 낙인찍혀 사회복귀에 어려움을 겪으며, ④ 수형자가 범죄에 감염될 위험이 있다는 이유로 폐지하거나 제한하여야 하고, ⑤ 벌금, 선고유예, 집행유예로 대체되어야 한다는 주장이 제기된다.

---

5) 이재상, 565면.

생각건대 단기자유형은 여러 가지 결함을 가지고 있는 것은 사실이나 초범이나 고위공직자와 같은 사회지도층에 대해서는 위하력이 있다는 것도 부인할 수 없다. 따라서 단기자유형을 폐지하기 보다는 벌금, 보호관찰, 수강명령, 사회봉사 또는 원상회복 등의 대체방안을 마련하여 선고비율을 점진적으로 낮추어 나가되, 단기자유형을 선고하여야 하는 경우에도 주말구금, 휴일구금 또는 야간구금과 같은 집행방식을 도입하여 단기자유형을 대체하는 것이 타당하다고 생각한다.[6]

2) 자유형의 단일화문제

작업부과의 유무에 따라 자유형을 징역과 금고로 구별하는 것은 노동이 명예를 실추시킨다는 전근대적인 발상에 기초한 것이고 교도작업은 중요한 교화프로그램으로서 수형자의 사회복귀에 크게 기여하기 때문에 자유형을 단일화하는 것이 바람직하다고 생각한다.[7] 다만 구류는 자유형에 포함시켜 단일화할 것이 아니라 형벌에서 폐지해야 한다는 주장이 있다.[8]

3. 재산형

재산형이란 범죄인에게서 일정한 재산을 박탈하는 형벌을 말한다. 형법은 재산형을 벌금, 과료 및 몰수로 구별한다.

(1) 벌금형

1) 벌금형의 의의

벌금형은 범죄인에게 일정한 금액의 지불을 강제적으로 부과하는 형벌을 말한다. 벌금은 5만 원 이상으로 하며, 다만 감경하는 경우에는 5만원미만으로 할 수 있다(형법 제45조). 벌금의 상한에는 제한이 없다. 벌금은 일신전

---

6) 이에 대하여 자세한 것은 김선복, 단기자유형의 문제점, 비교형사법연구(2004, 제6권 제2호), 133면 이하.
7) 김일수/서보학, 736면; 박상기, 507면; 배종대, 798면; 유기천, 351면; 이재상, 566면; 이형국, 446면; 임웅, 590면; 정성근/박광민, 659면.
8) 이정원, 501면.

속적 형벌이므로 제3자에 의한 대납, 국가에 대한 채권과의 상계, 벌금에 대한 공동연대책임, 벌금의 상속은 인정되지 않는다. 그러나 피고인이 재판확정 후 사망한 때에는 그 상속재산(형사소송법 제478조) 또는 법인이 그 재판확정 후 합병에 의하여 소멸한 때에는 합병 후 존속한 법인 또는 합병에 의하여 설립된 법인의 재산에 대하여(형사소송법 제479조) 벌금을 집행할 수 있다.

벌금의 양정에 대해서는 양형에 관한 일반규정(형법 제51조)이 적용된다. 벌금은 확정판결일로부터 30일 이내에 납입하여야 하고, 다만 벌금을 선고할 때에는 그 금액을 완납할 때까지 노역장에 유치할 것을 명할 수 있다(형법 제9조 제1항). 벌금을 납부하지 아니한 자는 1일 이상 3년 이하의 기간 노역장에 유치하여 작업에 복무하게 한다(형법 제69조 제2항). 그러나 300만 원 이하의 벌금형이 확정된 벌금미납자가 검사에게 사회봉사를 신청한 때에는 법원은 검사의 청구에 의하여 사회봉사를 허가할 수 있다(벌금미납자의사회봉사집행에관한특례법 제4조 내지 제6조).

2) 벌금형의 문제점

(가) 일수벌금제도

현행법상의 벌금제도는 벌금액을 총액으로 선고하는 총액벌금제도이다. 총액벌금제도는 범죄인의 경제적 사정을 고려할 수 없고, 경제력이 있는 범죄인에 대해서는 위하력이 없다는 단점이 있다. 이에 반하여 일수벌금제도란 우선 범죄의 경중에 따라 일수를 정하고 범죄인의 경제적 사정을 고려하여 1일의 벌금액을 정하는 벌금형제도를 말한다. 총액벌금제도에 비하여 일수벌금제도는 범죄인의 경제적 사정을 고려한다는 점에서 우수한 제도라고 할 수 있다.

(나) 벌금의 분납제도의 필요성

범죄인의 경제적 사정을 고려하여 벌금을 일시 납부할 수 없다고 인정되는 때에는 벌금을 분납하는 제도를 도입할 필요가 있다. 이를 통하여 벌금형이 자유형으로 전환되는 것을 막을 수 있다.

(다) 벌금형의 집행유예제도의 도입

형법은 벌금의 선고유예는 인정하나(형법 제62조) 그 집행유예를 규정하고 있지 않다. 벌금형보다 무거운 자유형의 집행유예를 인정하고 있고 벌금형의 집행유예를 인정하지 않을 형사정책적인 이유도 없으므로 벌금형에 대해서도 집행유예를 인정하는 것이 타당하다고 생각한다.

(2) 과료

과료는 벌금과 같이 재산형에 속하는 형벌로서 벌금에 비하여 금액이 적고 경미한 범죄에 부과된다. 과료는 2천원 이상 5만원 미만으로 한다(형법 제47조). 과료를 납입하지 아니한 자는 1일 이상 30일 미만의 기간 노역장에 유치하여 작업에 복무하게 한다(형법 제69조). 과료를 선고할 때에는 납입하지 아니하는 경우의 유치기간을 정하여 동시에 선고하여야 한다(형법 제70조). 과료의 선고를 받은 자가 그 일부를 납부한 때에는 과료액과 유치기간의 일수에 비례하여 납입금액에 상당하는 일수를 제한다(형법 제71조). 과료는 형벌이라는 점에서 행정벌인 과태료와 구별된다.

(3) 몰수

1) 몰수의 의의

몰수란 범죄의 반복 또는 범죄에 의한 이득을 방지하기 위하여 범죄와 관련 있는 재산을 박탈하는 재산형을 말한다. 몰수는 다른 형에 부가하여 과하는 부가형인 것을 원칙으로 하지만 행위자에게 유죄의 재판을 아니 할 때에도 몰수의 요건이 있는 때에는 몰수만을 선고할 수 있다(형법 제49조).

몰수는 임의적 몰수와 필요적 몰수로 구별된다. 임의적 몰수가 원칙이다(형법 제48조). 즉 몰수할 것인가 여부는 법관의 재량에 속한다. 필요적 몰수는 형법각칙이나 특별형법에 개별적으로 규정되어 있다. 예를 들면 형법 제134조의 뇌물죄, 국가보안법 제15조, 특정범죄가중처벌등에관한법률 제13조가 그것이다.

2) 몰수의 법적 성질

몰수가 형벌인가 또는 보안처분인가가 논란이 된다. 몰수는 형벌이라는 견해,[9] 형식적으로는 형벌에 해당하지만 실질적으로는 대물적 보안처분이라는 견해,[10] 형벌과 보안처분의 중간영역에 위치한 독립된 형사제재라는 견해[11]가 대립하고 있다. 행위자 또는 공범의 소유에 속하는 물건을 몰수하는 것은 형벌이지만 타인소유에 속하는 물건을 몰수하는 것은 물건이 위험하거나 다른 범죄에 사용되는 것을 방지하기 위한 보안처분의 성격을 가진다고 할 수 있다. 따라서 몰수는 형식적으로는 형벌이지만 실질적으로는 보안처분에 해당한다는 견해가 타당하다.

3) 몰수의 대상

다음에 기재된 물건의 전부 또는 일부는 몰수할 수 있다(형법 제48조 제1항). 여기의 물건에는 유체물 이외에 권리 또는 이익도 포함된다.[12] 몰수의 대상은 범죄행위와 관련 있는 물건에 한하므로 범죄행위와 상관없는 물건은 몰수할 수 없다.[13] 몰수는 압수되어 있는 물건에 대해서만 하는 것이 아니므로 피고인에게 환부된 물건도 몰수할 수 있다.[14]

(가) 범죄행위에 제공하였거나 제공하려고 한 물건

범죄행위에 사용한 물건이나 사용하려고 준비하고 실제로 사용하지 않은 물건을 의미한다. 예를 들면 살인에 사용되었거나 사용하려고 준비한 총이나 도박자금으로 대여한 금원[15] 등이 여기에 해당한다. 여기서 범죄행위란 구성요건에 해당하고 위법한 행위를 말한다.

---

9) 배종대, 801면; 오영근, 859면.
10) 박상기, 513면; 유기천, 355면; 이재상, 571면; 이형국, 449면; 정성근/박광민, 663면; 진계호, 447면.
11) 김일수/서보학, 741면; 손동권, 537면.
12) 대법원 1976. 9. 28, 76도2607.
13) 대법원 1967. 2. 7, 66오2.
14) 대법원 1977. 5. 24, 76도4001.
15) 대법원 1982. 9. 28, 82도1669.

(나) 범죄행위로 인하여 생하였거나 이로 인하여 취득한 물건

범죄행위로 인하여 생한 물건이란 범죄행위로 인하여 생성된 물건을 말한다. 예를 들면 위조통화가 여기에 해당한다. 범죄행위로 인하여 취득한 물건이란 이미 존재하였던 물건이지만 범인이 범죄행위로 인하여 취득한 물건을 말한다. 예를 들면 절취한 옷이나 돈과 같은 장물이 그것이다.

(다) 전 2호의 대가로 받은 물건

장물과 교환하여 취득한 물건이 여기에 해당한다.

4) 몰수의 요건

몰수가 가능하기 위해서는 몰수의 대상이 된 물건이 범인 이외의 자에 소유에 속하지 않은 물건이거나 범죄 후 범인 이외의 자가 정을 알면서 취득한 물건이어야 한다(형법 제48조 제1항).

(가) 범인 이외의 자의 소유에 속하지 않는 물건

이러한 물건으로는 범인의 소유에 속하는 물건, 소유가 금지된 금제품, 무주물이나 소유자불명의 물건을 들 수 있다. 여기서 범인은 공범을 포함하므로 공범의 소유에 속하는 물건도 몰수할 수 있다.[16] 범인 이외의 자의 소유에 속하는 물건에 대하여 몰수의 선고가 있는 때에는 그 물건에 대한 피고인의 소지를 몰수하는 데 그치고 제3자의 소유권에는 영향을 미치지 아니한다.[17] 기소중지된 공범의 소유물도 몰수의 대상이 될 수 있다.[18]

(나) 범인 이외의 자가 정을 알면서 취득한 물건

여기서 정을 알면서 취득한 물건이란 취득 당시에 그 물건이 형법 제48조 제1항 각호에 해당한다는 사실을 알면서 취득하는 것을 말한다.

---

16) 대법원 2000. 5. 12, 2000도745.

17) 대법원 1970. 2. 10, 69다2051; 1999. 5. 11, 99다12161; 2004. 3. 26, 2003도8014.

18) 대법원 1984. 5. 29, 83도2680.

5) 추징과 폐기

몰수대상인 물건을 몰수할 수 없을 때에는 그 가액을 추징하고(형법 제48조 제2항), 문서, 도화, 전자기록 등 특수매체기록 또는 유가증권의 일부가 몰수에 해당할 때에는 그 부분을 폐기한다(형법 제48조 제3항). 추징은 몰수의 취지를 관철하기 위한 것이지만 부가형적 성질을 가진다.[19] 몰수의 불능은 소비, 분실, 훼손, 선의취득 등에 의하여 법률상 · 사실상 몰수할 수 없는 경우를 말한다. 추징의 가액을 정하는 시점은 범죄행위시라는 견해가 있으나 판결선고시라는 견해가 타당하다.[20]

□ 판례(대법원 2008. 10. 9, 2008도6944)

몰수는 범죄에 의한 이득을 박탈하는 데 그 취지가 있고, 추징도 이러한 몰수의 취지를 관철하기 위한 것인 점 등에 비추어 볼 때, 몰수할 수 없는 때에 추징하여야 할 가액은 범인이 그 물건을 보유하고 있다가 몰수의 선고를 받았더라면 잃었을 이득상당액을 의미하므로, 다른 특별한 사정이 없는 한 그 가액산정은 재판선고시의 가격을 기준으로 하여야 한다.

4. 명예형

명예형이란 범죄인의 명예 또는 자격을 박탈하거나 제한하는 자격형을 말한다. 형법은 자격상실과 자격정지를 명예형으로 규정하고 있다.

(1) 자격상실

자격상실이란 사형, 무기징역 또는 무기금고의 형이 선고되면 그 형의 효력으로서 일정한 자격이 당연히 상실된다. 사형, 무기징역 또는 무기금고의 판결을 받은 자는 ① 공무원이 되는 자격, ② 공법상의 선거권과 피선거권, ③ 법률로 요건을 정한 공법상의 업무에 관한 자격, ④ 법인의 이

19) 대법원 1979. 4. 10, 78도3098; 1988. 6. 21, 88도551.
20) 대법원 2008. 10. 9, 2008도6944; 2007. 3. 15, 2006도9314; 1991. 5. 28, 91도352.

사, 감사 또는 지배인 기타 법인의 업무에 관한 검사역이나 재산관리인이 되는 자격을 상실한다(형법 제43조 제1항). 자격상실은 사면 또는 가석방이 되더라도 복권의 사면조치가 없는 한 그 효력을 계속 유지한다.

(2) 자격정지

자격정지란 일정기간 동안 일정한 자격의 전부 또는 일부를 정지시키는 것을 말한다. 자격정지에는 당연정지와 선고정지가 있다.

1) 당연정지

유기징역이나 유기금고의 판결을 받은 자는 그 형의 집행이 종료되거나 면제될 때까지 형법 제43조 제1항 1호 내지 3호에 기재된 자격이 당연 정지된다(형법 제43조 제2항).

2) 선고정지

판결의 선고에 의한 자격의 전부 일부의 정지는 1년 이상 15년 이하로 한다(형법 제44조 제1항). 자격정지기간은 자격정지가 선택형인 때에는 판결이 확정된 날로부터 기산하고, 유기징역 또는 유기금고에 병과한 때에는 징역 또는 금고의 집행이 종료하거나 면제된 날로부터 기산한다(형법 제44조 제2항).

제 2 절 형의 양정(양형)

I. 양형의 의의

형의 양정 또는 양형이란 법관이 법정형의 범위 내에서 가중·감경사유 또는 작량감경사유를 고려하여 구체적으로 선고할 형을 정하는 것을 말한다. 형법에는 특정범죄에 대하여 선고되어야 할 형의 범위만이 규정되어 있을 뿐이고, 구체적·개별적으로 선고되어야 할 형의 양정은 법관의 재량에 속한다.

II. 양형의 절차

법관이 유죄판결을 받은 자에 대하여 개별적으로 선고할 형을 정하는 단계는 다음과 같다.

1. 법정형

법정형이란 형법각칙상의 구성요건에 규정되어 있는 형벌을 말한다. 예를 들면 살인죄의 법정형은 사형, 무기 또는 5년 이상의 징역이고(형법 제250조 제1항), 절도죄의 법정형은 6년 이하의 징역 또는 1천만원 이하의 벌금이다(형법 제329조). 법정형은 양형의 일차적 기준이 된다.

2. 처단형

처단형이란 법정형에 법률상 및 재판상의 가중·감경을 한 형을 말한다. 법정형이 선택형일 경우에는 먼저 형종을 선택하고 그 형을 가중·감경하여 처단형을 정한다. 예를 들면 강도죄의 법정형은 단기 3년 이상 장기 30년 이하의 징역인데 감경사유가 있는 경우에는 형법 제55조 제1항 3호에 의하여 그 형기는 장기는 법정형의 2분의 1인 15년, 단기는 1년 6월로 감경된다. 이것이 처단형이 된다.

3. 선고형

선고형이란 처단형의 범위 내에서 구체적으로 형을 양정하여 피고인에게 선고하는 형을 말한다. 예를 들면 위의 예에서 피고인에게 강도죄로 1년 6월 이상 15년 이하의 범위 내에서 징역 5년을 선고하는 것이 선고형이다. 자유형은 원칙적으로 그 기간이 확정되어 선고되는 정기형이고, 다만 소년법은 소년범에 대해서는 장기와 단기를 정하여 선고하는 상대적 부정기형을 인정하고 있다(소년법 제60조). 전혀 형기를 정하지 않고 선고하는 절대적 부정기형은 죄형법정주의, 즉 명확성의 원칙에 반한다.

III. 형의 가중 · 감경

1. 형의 가중

형법은 형의 가중에 관하여 법률상의 가중만을 규정하고 재판상의 가중은 허용하지 않고 있다. 재판상의 가중은 죄형법정주의에 반하기 때문이다. 법률상의 가중은 형법총칙상의 일반가중사유와 형법각칙상의 특별가중사유로 나뉜다. 일반가중사유에는 특수교사방조(형법 제34조), 누범(형법 제35조 이하), 경합범(형법 제38조)이 있고, 특별가중사유는 상습범(형법 제203조 등), 특수범죄(형법 제144조 등)이다.

2. 형의 감경

형의 감경은 법률상의 감경과 재판상의 감경(작량감경)으로 구별된다.

(1) 법률상의 감경

법률상의 감경이란 감경사유가 법률에 규정되어 있는 경우를 말한다. 법률상의 감경에는 일정한 사유가 있으면 당연히 감경되는 필요적 감경과 법관의 재량에 의하여 감경되는 임의적 감경이 있다. 필요적 감경사유는 심신미약(형법 제10조 제2항), 농아자(형법 제11조), 중지미수(형법 제26조), 종범(형법 제32조 제2항)이고, 임의적 감경사유에는 외국에서 받은 형의 집행으로 인한 감경(형법 제7조), 과잉방위(형법 제21조 제2항), 과잉피난(형법 제22조 제3항), 과잉자구행위(형법 제23조 제2항), 미수범(형법 제25조 제2항), 불능미수(형법 제27조), 자수 또는 자복(형법 제52조 제1항)이 있다. 그 밖에 형법은 약취 · 유인 · 매매 또는 이송된 자를 안전한 장소로 풀어준 경우(형법 제295조의2)와 인질을 석방한 경우(형법 제324조의6)를 임의적 감경사유로 규정하고 있다.

(2) 재판상의 감경

재판상의 감경 또는 작량감경은 법률상의 감경사유가 없더라도 법원이 범죄의 정상에 참작할 만한 사유가 있는 때에는 작량하여 그 형을 감경하는 것을 의미한다(형법 제53조). 법률상 형을 가중 또는 감경한 경우에도 작량감경을 할 수 있다(형법 제56조).[21] 작량감경의 방법은 법률상의 감경에 관한 형법 제55조의 방법에 의하여야 한다.[22]

(3) 자수 · 자복

자수와 자복은 임의적 감경사유에 속한다(형법 제52조 제1항). 자수란 범인이 자발적으로 자신의 범죄사실을 수사기관에 신고하고 소추를 구하는 의사표시를 말한다.[23] 자복이란 피해자의 명시한 의사에 반하여 처벌할 수 없는 죄에 있어서 피해자에게 자신의 범죄사실을 고백하는 것을 말한다. 자복이나 자수의 시기는 범행발각이나 지명수배 여부와 상관없다.[24] 자복은 피해자를 상대로 한다는 점에서 수사기관을 상대로 하는 자수와 구별되지만 그 법적 효과는 자수와 동일하기 때문에 준자수라고도 한다.

3. 형의 가감례

(1) 형의 가중 · 감경순서

1개의 죄에 정한 형이 수종인 때에는 먼저 적용할 형을 정하고 그 형을 감경한다(형법 제54조). 형을 가중 · 감경할 사유가 경합한 때에는 ① 각칙 본조에 의한 가중, ② 형법 제34조 제2항(특수교사 · 방조)의 가중, ③ 누범가중, ④ 법률상 감경, ⑤ 경합범의 가중, ⑥ 작량감경의 순서에 의한다(형법 제56조).

---

21) 대법원 1991. 6. 11, 91도985, "법률상 감경사유가 있을 때에는 작량감경보다 우선하여 하여야 할 것이고, 작량감경은 이와 같은 법률상 감경을 다하고도 그 처단형의 범위를 완화하여 그보다 낮은 형을 선고하고자 할 때에 하는 것이 옳다."
22) 대법원 1964. 10. 28, 64도454.
23) 대법원 1999. 7. 9, 99도1695.
24) 대법원 1997. 3. 20, 96도1167.

(2) 형의 가중감경의 정도와 방법

1) 형의 가중정도

유기징역이나 유기금고에 대하여 형을 가중하는 때에는 50년까지로 한다(형법 제42조 단서). 일반가중사유인 특수교사 · 방조(형법 제34조 제2항), 누범가중(형법 제35조), 경합범가중(형법 제38조) 및 특수범죄(형법 제334조)의 가중정도는 형벌에 별도로 규정되어 있다.

2) 형의 감경정도

법률상의 감경정도는 다음과 같다(형법 제55조).

① 사형을 감경할 때에는 무기 또는 20년 이상 50년 이하의 징역 또는 금고로 한다. ② 무기징역 또는 무기금고를 감경할 때에는 10년 이상 50년 이하의 징역 또는 금고로 한다. ③ 유기징역 또는 유기금고를 감경할 때에는 그 형기의 2분의 1로 한다. ④ 자격상실을 감경할 때에는 7년 이상의 자격정지로 한다. ⑤ 자격정지를 감경할 때에는 그 형기의 2분의 1로 한다. ⑥ 벌금을 감경할 때에는 그 다액의 2분의 1로 한다. ⑦ 구류를 감경할 때에는 그 장기의 2분의 1로 한다. ⑧ 과료를 감경할 때에는 그 다액의 2분의 1로 한다.

법률상 감경할 사유가 수개 있는 때에는 거듭 감경할 수 있다(형법 제55조 제2항).

작량감경의 정도와 방법에 관하여 형법은 별도의 규정을 두고 있지 않으나 법률상의 감경례에 따라야 한다.[25] 징역형과 벌금형을 병과하여야 할 경우에 특별한 규정이 없는 한 징역형에만 작량감경을 한 것은 위법하다.[26] 작량감경의 사유가 수개 있는 경우에도 거듭 감경할 수 있다.[27]

---

25) 대법원 1964. 10. 28, 64도454.
26) 대법원 1997. 8. 26, 96도3466.
27) 대법원 1964. 4. 7, 63도10.

4. 형의 면제

형의 면제는 범죄성립은 인정되지만 형벌을 과하지 않는 것을 말한다. 형의 면제판결은 유죄판결의 일종으로 본다(형사소송법 제322조, 제323조 제2항). 형의 면제는 확정재판 전의 사유로 형이 면제된다는 점에서 확정판결 후의 사유로 형의 집행이 면제되는 형의 집행면제와 구별된다. 형의 면제는 인적처벌조각사유라고 하는 것이 통설이다.

형의 면제에는 형법총칙이 규정하고 있는 일반면제사유와 형법각칙이 규정하고 있는 개별면제사유가 있다. 일반적 면제사유는 외국에서 받은 형의 집행으로 인한 면제(형법 제7조), 중지범(형법 제26조), 불능미수(형법 제27조), 과잉방위(형법 제21조 제2항), 과잉피난(형법 제22조 제3항), 과잉자구행위(형법 제23조 제2항), 자수 또는 자복(형법 제52조 제1항)이다. 이들 면제사유는 모두 형의 감경과 택일적으로 규정되어 있고, 필요적 면제사유인 중지미수 이외에는 모두 임의적 감면사유가 된다. 형법각칙상의 면제사유로는 친족상도례에 관한 규정이 있다. 예를 들면 권리행사방해죄(형법 제328조), 절도죄(형법 제344조), 사기와 공갈의 죄(제354조), 횡령과 배임죄(형법 제361조), 장물의 죄(형법 제365조)에서는 직계혈족 · 배우자 · 동거친족 · 동거가족 또는 그 배우자간에서는 형을 면제한다.

IV. 양형

양형이란 행위자에 대하여 선고할 형을 정하는 것을 말한다. 양형은 법관의 재량에 속한다. 양형에 관한 법관의 재량은 자유재량이 아니라 법적으로 구속된 재량, 즉 기속재량에 속한다.[28] 따라서 형의 양정이 부당하다고 인정할 사유가 있는 때에는 항소이유가 되고(형사소송법 제361조의5), 사형, 무기 또는 10년 이상의 징역이나 금고가 선고된 사건에 있어서 형의 양정이 심히 부당하다고 인정할 만한 사유가 있는 때에는 상고이유가 된다(형사소송법 제383조 4호).

28) Jescheck/Weigend, S.871.

1. 양형의 기준

(1) 양형책임

형벌은 책임에 일치하여야 하므로(책임주의) 양형의 근거는 행위자의 책임이다. 그리고 형벌의 목적도 달성되어야 하므로 양형에 있어서는 일반예방과 특별예방이라는 형벌목적도 고려하여야 한다. 그러나 예방의 목적은 책임의 범위에서만 고려될 수 있다. 일반예방이나 특별예방을 위한 것이라 하더라도 책임의 범위를 초과한 형의 양정은 허용되지 않는다.

양형의 근거인 책임은 범죄성립요건인 책임과 같은 것인가에 대하여 견해가 대립하고 있다. 책임은 불법을 전제로 하고 책임 있는 경우의 불법에 대한 비난을 의미하기 때문에 양자를 같은 것으로 이해하는 견해가 있다.[29] 그러나 범죄성립요건인 책임은 비난가능성을 의미하는 반면 양형책임은 행위에 대한 사회윤리적 불법판단의 경중을 결정하는 모든 요소의 총체를 의미하고 범죄 전후의 행위자의 태도도 포함되므로 양자는 구별된다고 하는 다수설이 타당하다.[30]

(2) 양형에 있어서 책임과 예방의 조화

양형에 있어서 책임과 예방을 어떻게 조화시킬 것인가에 대해서는 견해가 대립하고 있다.

1) 범주이론

범주이론은 책임에 완전히 일치하는 정확한 형벌을 정할 수 없고, 형벌은 그 상한과 하한으로 책임에 상응하는 범위만을 정할 수 있으므로 그 범위 내에서 특별예방과 일반예방을 고려하여 구체적인 형을 양정해야 한다는 것이다. 범주이론은 책임과 예방적 목적을 적당하게 조화시키고 있다는 점에서 타당한 이론이라고 생각한다. 범주이론이 다수설이다.[31]

---

29) Horn, SK, § 46 Rn. 44.
30) 김일수/서보학, 752면; 성낙현, 719면; 이재상, 583면; 임웅, 609면.
31) 박상기, 524면; 배종대, 816면; 성낙현, 720면; 이재상, 584면; 임웅, 610면.

2) 유일점형벌이론

유일점형벌이론은 책임은 언제나 하나의 고정된 크기를 가지므로 정당한 형벌도 하나일 수밖에 없다는 견해이다.[32] 이 견해는 책임과 일치하는 정확한 크기의 형량을 정하는 것은 불가능하므로 하나의 가설에 지나지 않는 주장이라는 비판을 받는다.

3) 단계이론

단계이론 또는 위가이론은 형량은 양형책임의 경중만으로 결정되어야 하고 형종은 특별예방의 필요성을 고려하여 선택되어야 한다는 이론이다.[33] 그러나 단계이론은 형량의 결정에 있어서 예방의 목적을 고려하지 않음으로써 양형에서 예방적 관점을 약화시켰다는 비판을 받는다.

2. 양형의 조건

형을 정함에 있어서 참작하여야 사항은 ① 범인의 연령, 성행, 지능 및 환경, ② 피해자에 대한 관계, ③ 범행의 동기, ④ 수단과 결과, ⑤ 범행 후의 정황이다(형법 제51조).

(1) 범인의 연령 · 성행 · 지능 및 환경

범인의 연령 · 성행 · 지능 및 환경은 개선 · 교화의 가능성과 사회복귀의 필요성을 판단함에 있어서 중요한 사항이 된다. 소년은 심신이 미약하고 그리고 노인은 심신이 쇠약하기 때문에 소년과 노인의 연령은 책임을 감소하는 요소가 될 수 있다. 범인의 성행이란 범인의 성격과 행실을 의미한다.

(2) 피해자에 대한 관계

피해자에 대한 관계는 범인과 피해자의 친족관계, 가족관계, 고용관계 등 이와 유사한 관계를 의미한다. 피해자와의 신뢰관계나 보호관계를 침해

32) Arth, Kaufmann, Das Schuldsprinzip, S.261.
33) Horn, SK, § 46 Rn. 24.

하여 죄를 범하는 경우에는 책임을 가중하는 요소가 된다. 그러나 범인과 피해자 사이의 신뢰관계는 책임을 감경하는 작용을 한다.

(3) 범행의 동기 · 수단 · 결과

범행의 동기는 행위자의 위험성과 행위책임을 판단하는 중요한 요소가 된다. 그 동기가 비난의 대상 또는 동정의 대상이 되는가에 따라 형이 가중되거나 감경될 수 있다. 특정 구성요건요소에 해당하는 범행동기나 수단은 양형에서 다시 참작될 수 없다(이중평가금지). 예를 들면 영아살해죄(형법 제251조)에 있어서 특별히 참작할 만한 동기가 여기에 해당한다. 범행의 수단이나 결과는 행위불법과 결과불법을 구성하는 객관적 요소에 해당한다.

(4) 범행후의 정황

범행후 범인이 피해변상, 원상회복, 피해자에 대한 구호조치를 위한 진지한 노력, 뉘우침 등과 같은 범인의 태도는 예방의 필요성을 판단하는 중요한 요소가 된다. 진지한 뉘우침에 따른 자백은 형의 감경사유가 되지만 법정에서의 오만하고 불손한 언동은 형의 가중사유가 될 수 있다. 그러나 피고인의 범행부인이나 진술거부권의 행사는 양형에서 불이익하게 작용해서는 안 된다.[34)]

ㅁ 판례(대법원 2002. 10. 25, 2002도4298)

형사소송은 피고인의 권익보호를 통한 실체적 진실 발견으로 정의를 실현하는 절차이어서 적정한 형의 양정도 그 정의실현의 한 가지 귀결이라 할 것인바, 형의 양정은 사실심 법관의 전권사항이므로 통상의 경우 양형의 이유를 명시하는 일이 요구되지 아니하며 그 양형에 대하여 상고할 수 없는 것이지만, 형사소송법 제383조 제4호가 사형, 무기 또는 10년 이상의 징역이나 금고형이 선고된 사건에 있어서 형의 양정이 심히 부당하다고 인정할 현저한 사유가 있는 경우를 피고인만의 상고사유로 규정함으로써 그러한 사건에서의 양형참작사유는 사

---

34) 임웅, 612면.

실심의 필요적 심판대상이 되는 것이고, 양형에서의 필요적 참작사유를 열거한 형법 제51조에는 범죄행위에 관련된 사유들과 더불어 범죄행위자인 피고인에 관련된 사유들이 더 많이 열거되어 있다는 점은 양형의 심리·판단 단계에서 주목되어야 할 부면이다.

V. 판결선고전 구금일수의 산입, 판결의 공시

1. 판결선고전 구금일수의 산입

판결선고전 구금을 미결구금이라고 한다. 미결구금이란 범죄의 혐의를 받는 자를 재판이 확정될 때까지 구속하는 것을 말한다. 미결구금의 목적은 증거인멸을 방지하고 범인의 신병을 확보하여 형사절차의 진행과 유죄판결의 확정에 따른 형벌집행을 담보하는 데 있다. 미결구금은 자유형은 아니지만 신체의 자유를 박탈한다는 점에서 자유형을 집행한 것과 같은 효력이 있다. 따라서 형법은 "판결선고전의 구금일수는 그 전부 또는 일부를 유기징역 · 유기금고 · 벌금이나 과료에 관한 유치 또는 구류에 산입한다"고 규정하고 있다(형법 제57조 제1항). 이 경우에 구금일수의 1일은 징역 · 금고 · 벌금이나 과료에 관한 유치 또는 구류기간의 1일로 계산한다(형법 제57조 제2항).

미결구금일수를 전부 산입할 것인가 일부를 산입할 것인가 여부는 법원의 재량에 속한다.[35] 그러나 미결구금일수를 산입하지 아니하거나[36] 미결구금일수보다 많은 일수를 본형에 산입한 것은 위법하다.[37] 무기형에 대해서는 미결구금일수를 산입할 수 없으나 항소심에서 무기징역을 선고한 제1심판결을 파기하고 유기징역을 선고하는 때에는 제1심판결선고전의 구금일수 중 전부 또는 일부를 본형에 산입하여야 한다.[38]

35) 대법원 2002. 7. 12, 2002도2134; 1987. 6. 9, 87도691; 1983. 7. 26, 83도1470.
36) 대법원 1996. 7. 30, 96도1500; 1995. 7. 11, 95도1084.
37) 대법원 1994. 2. 8, 93도2563.
38) 대법원 1971. 9. 28, 71도1289.

헌법재판소는 형법 제57조 제1항의 "또는 일부" 부분이 신체의 자유를 침해하기 때문에 헌법상의 무죄추정의 원칙과 적법절차의 원칙에 반한다는 이유로 위헌결정을 하였다.[39] 따라서 미결구금일수는 그 전부를 본형에 산입하여야 한다.[40]

□ 판례(헌법재판소 2009. 6. 25, 2007헌바25)

형법 제57조 제1항은 해당 법관으로 하여금 미결구금일수를 형기에 산입하되, 그 산입범위는 재량에 의하여 결정하도록 하고 있는바, 이처럼 미결구금일수 산입범위의 결정을 법관의 자유재량에 맡기는 이유는 피고인이 고의로 부당하게 재판을 지연시키는 것을 막아 형사재판의 효율성을 높이고, 피고인의 남상소를 방지하여 상소심 법원의 업무부담을 줄이는데 있다. 그러나 미결구금을 허용하는 것 자체가 헌법상 무죄추정의 원칙에서 파생되는 불구속수사의 원칙에 대한 예외인데, 형법 제57조 제1항 중 "또는 일부 부분"은 그 미결구금일수 중 일부만을 본형에 산입할 수 있도록 규정하여 그 예외에 대하여 사실상 다시 특례를 설정함으로써, 기본권 중에서도 가장 본질적인 신체의 자유에 대한 침해를 가중하고 있다. 또한, 형법 제57조 제1항 중 "또는 일부" 부분이 상소제기 후 미결구금일수의 일부가 산입되지 않을 수 있도록 하여 피고인의 상소의사를 위축시킴으로써 남상소를 방지하려 하는 것은 입법목적 달성을 위한 적절한 수단이라고 할 수 없고, 남상소를 방지한다는 명목으로 오히려 구속 피고인의 재판청구권이나 상소권의 적정한 행사를 저해한다. 더욱이 구속 피고인이 고의로 재판을 지연하거나 부당한 소송행위를 하였다고 하더라도 이를 이유로 미결구금기간 중 일부를 형기에 산입하지 않는 것은 처벌되지 않는 소송상의 태도에 대하여 형벌적 요소를 도입하여 제재를 가하는 것으로서 적법절차의 원칙 및 무죄추정의 원칙에 반한다. 이와 같이 헌법상 무죄추정의 원칙에 따라 유죄판결이 확정되기 전에 피의자 또는 피고인을 죄 있는 자에 준하여 취급함으로써 법률적·사실적 측면에서 유형·무형의 불이익을 주어서는 아니되고, 특히 미결구금은 신체의 자유를 침해받는 피의자 또는 피고인의 입장에서 보면 실질적으로 자유형의 집행과 다를 바 없으므로, 인권보호 및 공평의 원칙상 형기에 전부 산입되어야 한다.

---

39) 헌재결 2009. 6. 25, 2007헌바25.
40) 대법원 2009. 12. 10, 2009도11448; 2010. 9. 9, 2010도6924.

2. 판결의 공시

판결의 공시란 피해자의 이익이나 피고인의 명예회복을 위하여 판결선고와 함께 관보나 일간신문을 통해 판결의 전부 또는 일부를 공적으로 알리는 제도를 말한다. 형법은 다음의 두 가지 경우에 판결의 공시를 인정하고 있다. ① 피해자의 이익을 위하여 필요하다고 인정할 때에는 피해자의 청구가 있는 경우에 한하여 피고인의 부담으로 판결공시의 취지를 선고할 수 있다(형법 제58조 제1항). ② 피고사건에 무죄 또는 면소의 판결을 선고할 때에는 판결공시의 취지를 선고할 수 있다(형법 제58조 제2항).

제3절 누 범

I. 누범의 의의

1. 누범의 개념

누범이란 범죄를 누적적으로 범하는 것을 말한다. 형법은 "금고 이상의 형을 받아 그 집행을 종료하거나 면제받은 후 3년 내에 금고 이상의 형에 해당하는 죄를 범한 자는 누범으로 처벌한다"고 규정하고 있다(형법 제35조 제1항). 누범의 형은 그 죄에 정한 형의 장기의 2배까지 가중한다(형법 제35조 제2항). 누범은 죄수론의 문제로 보는 견해[41]가 있으나 양형의 문제로 보아야 한다.[42] 죄수론은 심판대상이 되는 수개의 죄가 수죄인가 일죄인가에 관한 문제임에 반하여 누범은 이전의 범죄 그 자체를 심판대상으로 삼는 것이 아니라 이전의 범죄를 이유로 현재의 심판대상이 된 범죄를 가중처벌하는 제도이기 때문이다.

---

41) 오영근, 793면; 진계호, 430면.
42) 김일수/서보학, 771면; 박상기, 528면; 성낙현, 721면; 유기천, 359면; 이재상, 588면; 이정원, 489면; 정성근/박광민, 680면.

2. 누범과 상습범

상습범은 범죄적 경향에 의하여 범죄를 반복하는 경우임에 반하여 누범은 불특정한 범죄를 반복적으로 범함으로써 성립하는 것을 말한다. 따라서 누범은 상습성을 요하지 않고 전과만을 요건으로 한다는 점에서 상습성과 동일범죄 또는 동종범죄의 반복을 요건으로 하는 상습범과 구별된다. 즉 누범은 행위책임이 가중되는 경우임에 반하여 상습범은 행위자책임이 가중되는 경우이다. 상습범가중과 누범가중이 경합하는 경우에는 상습범에 대한 누범가중[43]뿐 아니라 특정범죄가중처벌등에관한법률위반죄에 있어서도 누범가중을 할 수 있다.[44]

II. 누범가중의 위헌성과 책임주의

1. 누범가중의 위헌성

누범가중이 헌법상의 일사부재리원칙에 위배되는지에 대하여 헌법재판소는 "형법 제35조 제1항이 누범을 가중처벌하는 것은 전범에 대하여 형벌을 받았음에도 다시 범행을 하였다는 데 있는 것이지, 전범에 대하여 처벌을 받았음에도 다시 범행을 하는 경우에는 전범도 후범과 일괄하여 다시 처벌한다는 것은 아님이 명백하므로, 누범에 대하여 형을 가중하는 것이 헌법상의 일사부재리의 원칙에 위배하여 피고인의 기본권을 침해하는 것이라고는 볼 수 없다"고 판시한다.[45]

그리고 누범가중이 평등원칙에 위배되는지에 대하여도 헌법재판소는 "누범을 가중처벌하는 것은 전범에 대한 형벌의 경고적 기능을 무시하고 다시 범죄를 저질렀다는 점에서 비난가능성이 많고, 누범이 증가하고 있다는 현실에서 사회방위, 범죄의 특별예방 및 일반예방이라는 형벌목적에 비추어

43) 대법원 1982. 5. 25, 82도600.
44) 대법원 1991. 5. 28, 91도741; 1985. 9. 10, 85도1434.
45) 헌재결 1995. 2. 23, 93헌바43.

보아, 형법 제35조가 누범에 대하여 형을 가중한다고 해서 그것이 인간의 존엄성 존중이라는 헌법의 이념에 반하는 것도 아니며, 누범을 가중하여 처벌하는 것은 사회방위, 범죄의 특별예방 및 일반예방, 더 나아가 사회의 질서유지의 목적을 달성하기 위한 하나의 수단이기도 하는 것이므로 이는 합리적 근거 있는 차별이어서 헌법상의 평등의 원칙에 위배되지 아니한다"고 판시한다.[46]

2. 누범가중과 책임주의

누범가중의 근거는 이전 판결의 경고를 무시하고 또 다시 범죄를 저지름으로써 행위책임이 가중되었다는 데 있다. 그러나 이에 대하여는 판결의 경고기능을 위반하였다고 하여 형을 가중하는 것은 부당하다는 비판이 제기된다.[47] 왜냐하면 누범자의 상당수가 의지박약자, 인격결함자 또는 국가적·사회적 원조의 결핍자이기 때문이라고 한다. 그러므로 다수설은 판결의 경고위반에 대한 비난은 재범이 경고의 무시로 인하여 보다 강하게 비난받을 수 있을 때에만 가능한 것이라고 한다. 판례도 같은 입장을 취하고 있다.[48]

ㅁ 판례(헌법재판소 2002. 10 31, 2001헌바68)

전범과 후범 사이에 범죄행위의 관련성을 요구하고, 전범으로 2회 이상의 징역형을 요구하는 위 조항의 누범요건은 폭력범죄로 인한 전판결의 경고가 실질적으로 동일한 폭력범죄를 억제할 것을 명하는 기능을 하는 경우에만 누범이 성립되도록 그 요건을 정하고 있어, 형법상의 누범조항과는 달리 단순한 범죄의 반복만으로 중대한 책임을 지우는 것이 아니라 이전의 반복된 폭력범죄로 유죄판결을 받고도 죄질이 중한 같은 폭력범죄를 저지른 경우에만 가중처벌을 하고 있다고 할 것이므로 그 요건에서 이미 책임원칙과 조화되도록 하고 있다.

46) 헌재결 1995. 2. 23, 93헌바43.
47) 김일수/서보학, 773면; 성낙현, 722면; 이재상, 591면; 임웅, 618면.
48) 헌재결 2002. 10. 31, 2001헌바68.

나아가 폭력전과자들의 반복된 폭력행위, 그것도 조직적·집단적 폭력과 같이 그 위해가 심대하거나 흉기폭력과 같이 생명·신체에 중대한 손상을 초래하는 폭력범죄로부터 건강한 사회를 방위하고, 고질적인 폭력풍토를 시급히 쇄신하여야 할 현실적 필요성에서 제정된 폭력행위등처벌에관한법률의 입법배경을 고려하면, 위 조항이 정한 누범의 법정형이 책임원칙에 반하는 과잉처벌이라고 단정하기 어렵다.

그러나 누범을 양형의 문제로 보면서 단순히 전과만을 근거로 그 죄의 법정형을 초과하는 형벌로 처벌하는 것은 누범자의 행위책임에 일치하지 않는다. 양형은 행위책임과 일치하는 법정형을 출발점으로 하기 때문이다. 따라서 누범가중규정은 헌법에 위배된다.[49]

III. 누범가중의 요건

1. 금고 이상의 형의 선고

이전 범죄의 형은 금고 이상의 형이어야 한다. 따라서 금고보다 경한 자격상실 · 자격정지 · 벌금형[50] · 구류 · 과료 · 몰수를 선고받은 때에는 누범이 성립하지 않는다. 여기서 금고 이상의 형은 유기징역 또는 유기금고의 선고형을 가리킨다. 사형이나 무기징역 또는 무기금고가 선고된 때에는 유기징역이나 유기금고로 감형되거나 특별사면 또는 형의 시효로 그 집행이 면제되어야 한다. 범죄가 형법을 위반한 것이든 특별법을 위반한 것이든 묻지 않는다.

금고 이상의 형의 선고는 유효한 것이어야 한다. 따라서 일반사면이나 집행유예기간의 경과로 형의 선고의 효력이 상실된 경우에는 누범이 성립하지 않는다.[51] 그러나 특별사면을 받아 형의 집행을 면제받은 때에는 누

49) 같은 의견으로는 박상기, 529면; 배종대, 828면; 이정원 491면.
50) 대법원 1983. 9. 14, 82도1702.
51) 대법원 1970. 9. 22, 70도1627.

범가중이 가능하다.[52] 복권은 형의 선고를 상실시키는 것이 아니므로 누범의 성립에 영향을 주지 않는다.[53]

2. 금고 이상에 해당하는 죄

누범가중의 대상이 되는 범죄는 금고 이상에 해당하는 죄이어야 한다. 금고 이상의 형은 선고형을 의미한다.[54] 후범은 전범과 죄명이나 죄질이 동일할 것을 요하지 않는다. 후범이 고의범이든 과실범이든 불문한다.

3. 형의 집행종료 또는 면제 후 3년 이내에 범한 죄

이전범죄의 형의 집행을 종료하거나 면제를 받은 3년 이내에 죄를 범하여야 한다. 이를 누범시효라고 한다. 형의 집행을 종료하였다는 것은 형기나 집행유예기간을 만료한 것을 뜻한다. 형의 집행을 면제받은 경우로는 형의 시효가 완성된 때(형법 제77조), 특별사면에 의하여 형의 집행이 면제된 때(사면법 제5조), 외국에서 형의 집행을 받은 때(형법 제7조)가 있다. 기간의 기산점은 전범의 형의 집행을 종료한 날 또는 형의 집행을 면제받은 날이다. 후범을 범한 시기는 실행의 착수시를 기준으로 한다.[55]

4 누범의 효과

누범의 형은 그 죄에 정한 형의 장기의 2배까지로 한다(형법 제35조 제2항). 다만 장기는 50년을 초과할 수 없다(형법 제42조 단서). 형의 단기는 가중되지 않는다. 따라서 누범가중의 법정형은 후범의 법정형의 단기와 가중된 장기의 2배가 된다. 누범가중이라고 하여 반드시 후범의 법정형을 초과해야 하는 것은 아니다. 누범에 대해서도 법률상 · 재판상의 감경이 가능하다.[56]

---

52) 대법원 1986. 11. 11, 86도2004.
53) 대법원 1981. 4. 14, 81도543.
54) 대법원 1982. 9. 14, 82도1702; 1982. 7. 27, 82도1018.
55) 김일수/서보학, 776면; 박상기, 531면; 배종대, 829면; 이재상, 597면; 이정원, 493면; 이형국, 470면; 임웅, 620면; 정성근/박광민, 685면; 진계호, 433면.

5. 판결선고후의 누범발각

판결선고 후 누범인 것이 발각된 때에는 그 선고한 형을 통산하여 다시 형을 정할 수 있다(형법 제36조). 다만 형의 집행을 종료하거나 그 집행이 면제된 후에는 예외로 한다(형법 제36조 단서). 이 규정은 피고인이 재판당시에 자신의 전과사실을 은폐하여 누범가중을 면하고 재판확정 후에 누범인 것이 발각된 경우를 대비하기 위한 것이다. 그러나 형법 제36조는 동일한 범죄에 대하여 가중형을 추가하는 것은 동일한 범죄를 거듭 처벌하는 것으로서 일사부재리원칙에 반하고 피고인의 진술거부권을 보장하고 형벌권의 존부에 관한 사실에 대한 입증책임은 검사에게 있다는 형사소송의 기본원리에도 반한다는 비판이 제기된다.[57] 이러한 비판은 타당하다. 따라서 형법 제36조는 삭제되어야 한다.

제 4 절 형의 선고유예 · 집행유예 · 가석방

I. 선고유예

1. 선고유예의 의의

선고유예란 경미한 범죄에 대하여 일정한 기간 동안 그 형의 선고를 유예하고 그 유예기간이 경과하면 면소된 것으로 간주하는 제도를 말한다. 형법은 "1년 이하의 징역이나 금고, 자격정지 또는 벌금의 형을 선고할 경우에 제51조의 사항을 참작하여 개전의 정상이 현저한 때에는 그 선고를 유예할 수 있다"고 규정하고 있다(형법 제59조 제1항). 이 제도의 취지는 형의 선고유예로 범죄인이 처벌받았다는 오점을 남기지 않음으로서 범죄인의 사

56) 김일수/서보학, 776면; 이재상, 599면.
57) 김일수/서보학, 777면; 박상기, 532면; 배종대, 830면; 오영근, 797면; 이재상, 600면; 이정원, 494면; 임웅, 623면.

회복귀에 도움을 준다는 데 있다. 선고유예는 확정된 형의 선고를 유예하는 제도이므로 독자적인 형사제재라고 할 수 있다.[58]

2. 선고유예의 요건

(1) 1년 이하의 징역이나 금고, 자격정지 또는 벌금의 형을 선고할 경우

선고를 유예할 수 있는 형은 병과하지 않는 한 주형과 부가형을 포함한다.[59] 1년 이하의 징역이므로 1년 이상의 징역[60]이나 구류형[61]에 대해서는 선고유예가 불가능하다. 그러므로 주형을 선고유예하는 경우에는 부가형인 몰수 또는 추징도 선고유예할 수 있다.[62] 그러나 형을 병과하는 때에는 형의 전부 또는 일부에 대해 선고를 유예할 수 있다(형법 제59조 제2항). 따라서 징역형과 벌금형을 병과하는 경우에 징역형을 집행유예하고 벌금형을 선고유예할 수 있고[63] 어느 하나에 대해서만 선고유예할 수도 있다.

(2) 개전의 정상이 현저할 것

개전의 정상이 현저하다는 것이란 형을 선고하지 않더라도 피고인이 다시 범행을 저지를 위험이 없다고 인정되는 경우를 말한다. 판단의 시기는 판결시를 기준으로 한다. 피고인이 범죄사실을 부인하는 때에도 선고유예를 할 수 있다.[64]

---

58) 김일수/서보학, 790면; 이재상, 610면.
59) 대법원 1970. 6. 30, 70도883.
60) 대법원 1977. 7. 26, 77도1887.
61) 대법원 1993. 6. 22, 93오1.
62) 대법원 1980. 3. 11, 77도2027.
63) 대법원 1976. 6. 8, 74도1266.
64) 대법원 2003. 2. 20, 2001도6138.

□ 판례(대법원 2003. 2. 20. 선고 2001도6138)

[다수의견] 선고유예의 요건 중 '개전의 정상이 현저한 때'라고 함은, 반성의 정도를 포함하여 널리 형법 제51조가 규정하는 양형의 조건을 종합적으로 참작하여 볼 때 형을 선고하지 않더라도 피고인이 다시 범행을 저지르지 않으리라는 사정이 현저하게 기대되는 경우를 가리킨다고 해석할 것이고, 이와 달리 여기서의 '개전의 정상이 현저한 때'가 반드시 피고인이 죄를 깊이 뉘우치는 경우만을 뜻하는 것으로 제한하여 해석하거나, 피고인이 범죄사실을 자백하지 않고 부인할 경우에는 언제나 선고유예를 할 수 없다고 해석할 것은 아니며, 또한 형법 제51조의 사항과 개전의 정상이 현저한지 여부에 관한 사항은 널리 형의 양정에 관한 법원의 재량사항에 속한다고 해석되므로, 상고심으로서는 형사소송법 제383조 제4호에 의하여 사형·무기 또는 10년 이상의 징역·금고가 선고된 사건에서 형의 양정의 당부에 관한 상고이유를 심판하는 경우가 아닌 이상, 선고유예에 관하여 형법 제51조의 사항과 개전의 정상이 현저한지 여부에 대한 원심판단의 당부를 심판할 수 없고, 그 원심 판단이 현저하게 잘못되었다고 하더라도 달리 볼 것이 아니다.

[반대의견] 선고유예의 요건 중 '개전의 정상이 현저한 때'에 관한 판단이 기본적으로는 하급심의 재량에 속한다고 할 것이지만 그 재량판단이 '현저하게 잘못된 경우'에는 선고유예의 요건에 관한 법리오해의 위법이 있는 것으로 보아 형사소송법 제383조 제1호의 '판결에 영향을 미친 법률위반이 있는 때'에 해당하여 상고심이 그 당부를 심판할 수 있다.

[별개의 반대의견] 형법 제59조 소정의 선고유예의 요건 등에 관한 판단은 형의 경중을 가려서 단순한 형의 종류를 선택하거나 선택한 형에 대하여 그 형량을 정하는 것과는 차원이 다른 '법률판단'이라 할 것이고, 따라서 1년 이하의 징역이나 금고, 자격정지 또는 벌금형을 선고할 수 없는 사건이거나, 자격정지 이상의 형을 받은 전과가 있는 자에 대하여 형의 선고를 유예한 경우와 마찬가지로 제51조의 사항을 참작하여 개전의 정상이 현저하지 아니하다고 판단되는 자에 대하여 형의 선고를 유예한 경우에도 형사소송법 제383조 제1호에 의하여 상고할 수 있다.

(3) 자격정지 이상의 형을 받은 전과가 없을 것

자격정지 이상의 형을 받은 전과가 있는 피고인에 대해서는 선고유예할 수 없다(형법 제59조 제1항). 선고유예는 형법상의 형사제재 중 가장 경미한 형사제재이므로 재범의 위험성이 없는 초범에 대해서만 가능하다는 것을 뜻한다. 집행유예의 선고를 받고 그 유예기간을 무사히 경과한 자에 대하여는 선고유예를 할 수 없다.[65]

3. 선고유예의 효과

선고유예의 판결 여부는 법원의 재량에 속한다. 선고유예의 판결을 할 때에는 범죄사실과 선고할 형의 종류와 양, 즉 선고형을 정하여야 한다.[66] 형의 선고를 유예하는 경우에 재범방지를 위하여 지도 및 원호가 필요한 때에는 보호관찰을 받을 것을 명할 수 있다(형법 제59조의2 제1항). 보호관찰의 기간은 1년으로 한다(동조 제2항). 형의 선고를 받은 날로부터 2년을 경과하면 면소된 것으로 간주한다(형법 제60조). 면소판결은 소송추행이익의 결여로 소송을 형식적으로 종결시키는 형식재판이다.

4. 선고유예의 실효

형의 선고유예를 받은 자가 유예기간 중 자격정지 이상의 형에 처한 판결이 확정되거나 자격정지 이상의 형에 처한 전과가 발견된 때에는 유예한 형을 선고한다(형법 제61조 제1항).

여기서 "형의 선고유예를 받은 자가 자격정지 이상의 형에 처한 전과가 발견된 때"란 형의 선고유예의 판결이 확정된 후에 비로소 위와 같은 전과가 발견된 경우를 말하고 그 판결확정 전에 이러한 전과가 발견된 경우에는 이를 취소할 수 없다.[67] 형법 제59조의2의 규정에 의하여 보호관찰을

---

65) 대법원 2003. 12. 26, 2003도3768; 2008. 1. 18, 2007도9405.
66) 대법원 1988. 1. 19, 86도2654.
67) 대법원 2008. 2. 14, 2007모845.

명한 선고유예를 받은 자가 보호관찰기간 중에 준수사항을 위반하고 그 정도가 무거운 때에는 유예한 형을 선고할 수 있다(형법 제61조 제2항). 유예된 형의 선고절차는 형사소송법 제336조에 규정되어 있다.

II. 집행유예

1. 집행유예의 의의

집행유예란 선고된 형의 집행을 일정기간 동안 유예하고 그 유예기간이 경과하면 형의 선고의 효력을 잃게 하는 제도를 말한다. 집행유예는 단기자유형의 폐단을 방지하고 범죄인이 용이하게 사회에 복귀할 수 있도록 도와주는 것을 목적으로 하는 제도이다. 형법은 3년 이하의 징역 또는 금고의 형을 선고할 경우에 제51조의 사항을 참작하여 그 정상에 참작할 만한 사유가 있는 때에는 1년 이상 5년 이하의 기간 형의 집행을 유예할 수 있다. 다만, 금고 이상의 형을 선고한 판결이 확정된 때부터 그 집행을 종료하거나 면제된 후 3년까지의 기간에 범한 죄에 대하여 형을 선고하는 경우에는 그러하지 아니하다. 형을 병과할 경우에는 그 형의 일부에 대하여 집행을 유예할 수 있다고 규정하고 있다(형법 제62조).

2. 집행유예의 법적 성질

집행유예의 법적 성질에 대해서는 형법과 보안처분 이외의 독립된 형사제재라는 견해,[68] 형법과 보안처분의 중간영역에 해당하는 제3의 제재방법이라는 견해[69] 및 외래적 처우라는 의미에서 특수성을 가진 형집행의 변형에 지나지 않는다는 견해[70]가 대립하고 있다. 집행유예는 형을 집행하는 것이 오히려 범죄인에 대하여 악영향을 줄 수 있는 경우에 선고한 형의

68) 김일수/서보학, 778면.
69) 박상기, 537면.
70) 이재상, 601면; 이형국, 419면; 임웅, 625면; 정성근/박광민, 678면.

집행을 유예하여 범죄인이 사회에 복귀할 수 있도록 하는 데 목적이 있고 보호관찰, 수강명령 또는 사회봉사는 집행유예의 목적이 달성할 수 있도록 도와주는 보조수단에 지나지 않으므로 형집행의 변형에 지나지 않는다는 견해가 타당하다고 생각한다.

3. 집행유예의 요건

집행유예는 ① 3년 이하의 징역 또는 금고의 형을 선고할 경우일 것, ② 정상에 참작할 만한 사유가 있을 것, ③ 금고 이상의 형을 선고받아 집행을 종료하거나 집행이 면제된 후 5년을 경과하였을 것을 요건으로 한다(형법 제62조 제1항).

(1) 3년 이하의 징역 또는 금고의 형을 선고할 경우일 것

집행유예를 선고할 수 있는 형은 징역이나 금고에 한한다. 벌금형을 선고하는 경우에는 집행유예가 불가능하다. 따라서 벌금형은 자유형보다 가벼운 형벌이고 벌금을 납입하지 못한 때의 노역장유치는 실질적으로는 자유형과 동일하므로 벌금형에 대해서도 집행유예가 인정되어야 한다. 3년 이하의 징역이나 금고의 형은 선고형을 의미한다.[71]

(2) 정상에 참작할 만한 사유가 있을 것

정상에 참작할 만한 사유란 형의 선고만으로도 범죄인의 사회복귀라는 형벌의 목적이 달성되어 범죄인이 장래에 재범을 하지 않을 것으로 인정되는 경우를 말한다. 정상참작의 판단기준은 형법 제51조의 사항인 범인의 연령·성행·지능과 환경, 피해자에 대한 관계, 범행의 동기·수단, 범행의 정황이다. 판단의 시기는 판결선고시이다.

71) 대법원 1989. 11. 28, 89도780.

(3) 금고 이상의 형을 선고한 판결이 확정된 때부터 그 집행을 종료하거나 면제된 후 3년이 경과하였을 것

금고 이상의 형을 선고한 판결이 확정된 때부터 그 집행을 종료하거나 면제된 후 3년이 경과하지 않은 범죄에 대하여 형을 선고하는 경우에는 집행유예를 할 수 없다. 금고 이상의 형을 선고한 판결이 확정된 때는 실형이 확정된 때뿐만 아니라 집행유예의 판결이 확정된 때도 포함한다.[72) 집행유예기간 중에 범한 죄에 대하여 집행유예기간이 경과하지 않은 경우에는 집행유예를 선고할 수 없다.[73) 그러나 집행유예기간 중에 범한 죄에 대하여 공소가 제기된 후 그 재판 도중에 집행유예기간이 경과한 경우에도 집행유예기간 중에 범한 죄에 대하여 다시 집행유예를 선고할 수 있다.[74)

□ 판례(대법원 2007. 7. 27, 2007도768)

집행유예기간 중에 범한 죄에 대하여 형을 선고할 때에, 집행유예의 결격사유를 정하는 현행 형법 제62조 제1항 단서 소정의 요건에 해당하는 경우란, 이미 집행유예가 실효 또는 취소된 경우와 그 선고 시점에 미처 유예기간이 경과하지 아니하여 형선고의 효력이 실효되지 아니한 채로 남아 있는 경우로 국한되고, 집행유예가 실효 또는 취소됨이 없이 유예기간을 경과한 때에는 위 단서 소정의 요건에 해당하지 않으므로, 집행유예기간 중에 범한 범죄라고 할지라도 집행유예가 실효 또는 취소됨이 없이 그 유예기간이 경과한 경우에는 이에 대해 다시 집행유예의 선고가 가능하다.

4. 집행유예의 효과

집행유예의 선고를 받은 후 그 선고의 실효 또는 취소됨이 없이 유예기간을 경과한 때에는 형의 선고는 효력을 잃는다(형법 제65조). 형의 선고가 효

72) 대법원 2007. 7. 27, 2007도768; 2002. 2. 22, 2001도5891; 1997. 10. 13, 96모118; 1971. 3. 9, 70누167.

73) 대법원 1991. 5. 10, 91도473; 2007. 7. 27, 2007도768.

74) 대법원 2007. 7. 27, 2007도768.

력을 잃는다는 것은 형의 집행이 면제되는 것은 물론 처음부터 형의 선고가 없었던 것이 된다. 그러나 이는 형의 선고의 법률적 효과가 없어진다는 것일 뿐, 형의 선고가 있었다는 기왕의 사실 자체까지 없어지는 것은 아니다.[75] 형의 선고에 의하여 이미 발생한 법률효과에는 영향이 없다.

□ 판례(대법원 2003. 12. 26, 2003도3768)

형법 제59조 제1항 단행에서 정한 "자격정지 이상의 형을 받은 전과"라 함은 자격정지 이상의 형을 선고받은 범죄경력 자체를 의미하는 것이고, 그 형의 효력이 상실된 여부는 묻지 않는 것으로 해석함이 상당하다고 할 것이고, 따라서 형의 집행유예를 선고받은 자는 형법 제65조에 의하여 그 선고가 실효 또는 취소됨이 없이 정해진 유예기간을 무사히 경과하여 형의 선고가 효력을 잃게 되었다고 하더라도 형의 선고의 법률적 효과가 없어진다는 것일 뿐, 형의 선고가 있었다는 기왕의 사실 자체까지 없어지는 것은 아니므로, 형법 제59조 제1항 단행에서 정한 선고유예 결격사유인 "자격정지 이상의 형을 받은 전과가 있는 자"에 해당한다고 보아야 한다.

형의 집행유예기간은 1년 이상 5년 이하의 범위에서 법원의 재량으로 정한다(형법 제62조 제1항). 하나의 형의 일부에 대한 집행유예는 허용되지 않으나 형을 병과하는 때에는 그 일부에 대해서도 집행을 유예할 수 있다(형법 제62조 제2항).

5. 집행유예의 실효와 취소

(1) 집행유예의 실효

집행유예의 선고를 받은 자가 유예기간 중 고의로 범한 죄로 금고 이상의 실형을 선고받아 그 판결이 확정된 때에는 집행유예의 선고는 효력을 잃는다(형법 제63조). 여기의 "금고 이상의 실형의 선고"에는 집행유예기간 중

75) 대법원 2003. 12. 26, 2003도3768.

금고 이상의 실형이 선고되어 그 판결이 확정되어야 하므로 금고 이상의 형을 선고받아 집행유예의 판결이 확정된 때는 포함되지 않는다. 집행유예가 선고되기 전에 범한 범죄로 금고 이상의 실형을 선고한 판결이 확정된 때에는 집행유예는 실효되지 않는다.

(2) 집행유예의 취소

집행유예의 선고를 받은 후 금고 이상의 형이 확정된 때부터 그 집행을 종료하거나 면제된 후 3년이 경과하지 않은 자(형법 제62조 단서)라는 것이 발각된 때에는 집행유예의 선고를 취소한다(형법 제64조 제1항). 금고 이상의 형의 선고는 실형의 선고뿐 아니라 집행유예의 선고도 포함한다.[76] 이러한 사유는 집행유예의 선고의 판결이 확정된 후에 발각되어야 하므로 집행유예의 선고의 판결이 확정되기 전에 발각된 때에는 집행유예를 취소할 수 없다.[77]

ㅁ 판례(대법원 2001. 6. 27, 2001모135)

형법 제64조 제1항에 의하면 집행유예의 선고를 받은 후 형법 제62조 단행의 사유가 발각된 때에는 집행유예의 선고를 취소한다고 규정되어 있는바, 여기에서 집행유예를 선고받은 후 형법 제62조 단행의 사유 즉 금고 이상의 형의 선고를 받아 집행을 종료한 후 또는 집행이 면제된 후로부터 5년을 경과하지 아니한 자인 것이 발각된 때라 함은 집행유예 선고의 판결이 확정된 후에 비로소 위와 같은 사유가 발각된 경우를 말하고 그 판결확정 전에 결격사유가 발각된 경우에는 이를 취소할 수 없으며, 이때 판결확정 전에 발각되었다고 함은 검사가 명확하게 그 결격사유를 안 경우만을 말하는 것이 아니라 당연히 그 결격사유를 알 수 있는 객관적 상황이 존재함에도 부주의로 알지 못한 경우도 포함된다.

---

76) 대법원 1983. 2. 5, 83모1.
77) 대법원 2001. 6. 27, 2001모135.

집행유예기간을 경과한 후 형법 제62조 단행의 사유가 발각된 경우에는 집행유예를 취소할 수 없다.[78] 보호관찰이나 사회봉사 또는 수강을 명한 집행유예를 받은 자가 준수한 사항이나 명령을 위반하고 그 정도가 무거운 때에는 집행유예의 선고를 취소할 수 있다(형법 제64조 제2항).

6. 보호관찰, 사회봉사 또는 수강명령

형의 집행을 유예하는 경우에는 보호관찰을 받을 것을 명하거나 사회봉사 또는 수강을 명할 수 있다(형법 제62조의 2 제1항). 보호관찰의 기간은 집행을 유예한 기간으로 한다. 다만, 법원은 유예기간의 범위 내에서 보호관찰기간을 정할 수 있다(형법 제62조의 2 제2항).

보호관찰이란 범죄인의 사회복귀를 도와주기 위하여 형의 집행유예로 자유로운 생활을 하는 범죄인을 지도·감독·원호하는 제도를 말한다. 사회봉사명령이란 유죄가 인정된 범죄인을 일정한 시간 동안 무보수로 노동에 종사하도록 하는 제도를 말한다. 예를 들면 양로원이나 고아원 등에서의 목욕이나 청소봉사가 여기에 해당한다. 사회봉사는 500시간 이내에서 시간의 단위로 부과될 수 있는 일 또는 근로활동을 의미하므로 사회봉사명령으로서 금전출연을 주된 내용으로 하는 사회공헌계획의 성실한 이행이나 준법경영을 주제로 하는 강연과 기고를 명하는 것은 허용되지 않는다.[79] 수강명령이란 일정한 시간 동안 지정된 장소에 출석하여 교육이나 상담 등을 받게 하는 제도를 말한다. 보호관찰, 사회봉사 및 수강명령을 동시에 명할 수 있다.[80]

78) 대법원 1999. 1. 12, 98모151.
79) 대법원 2008. 4. 11, 2007도8373; 2008. 4. 24, 2008도8116.
80) 대법원 1999. 4. 24, 98도98.

□ 판례(대법원 2008. 4. 24, 2008도8116)

우리 헌법은 "모든 국민은 신체의 자유를 가진다. 누구든지 … 법률과 적법한 절차에 의하지 아니하고는 처벌·보안처분 또는 강제노역을 받지 아니한다."(헌법 제12조 제1항)라고 정하여 처벌, 보안처분, 강제노역에 관한 법률주의 및 적법절차원리를 선언하고 있다. 이를 이어받아 이른바 범죄인에 대한 사회 내 처우의 한 유형으로 도입된 사회봉사명령 등에 관하여 구체적인 사항을 정하고 있는 형법 제62조의2와 보호관찰 등에 관한 법률 제59조 내지 제64조, 특히 제59조 제1항 "법원은 형법 제62조의2의 규정에 의한 사회봉사를 명할 때에는 500시간 … 의 범위 내에서 그 기간을 정하여야 한다." 등의 내용을 종합적으로 검토하여 보면, 법원이 현행법에 의하여 형의 집행을 유예하는 경우 명할 수 있는 사회봉사는 500시간 내에서 시간 단위로 부과될 수 있는 일 또는 근로활동을 의미하는 것으로 해석된다. 따라서 법원이 형법 제62조의2의 규정에 의한 사회봉사명령으로 피고인에게 일정한 금원을 출연할 것을 명하는 것은 현행법상 허용될 수 없다.

III. 가석방

1. 가석방의 의의

가석방이란 자유형의 집행을 받고 있는 자가 개전의 정이 현저하다고 인정되는 때에 형기만료 전에 조건부로 수형자를 석방하고 그것이 취소 또는 실효되지 않고 일정한 기간을 경과한 때에는 형의 집행을 종료한 것으로 간주하는 제도를 말한다(형법 제72조, 제76조). 가석방제도는 형의 집행 중 개전의 정이 현저한 경우에는 형벌의 목적이 달성된 것으로 보아 형집행기간을 단축함으로써 수형자의 사회복귀를 촉진하고 형의 집행에 있어서 수형자의 사회복귀를 위한 자발적이고 적극적인 노력을 촉진하는 것을 목적으로 한다.[81]

81) 배종대, 837면; 이재상, 613면; 임웅, 635면.

가석방은 형사정책적 목적을 달성하기 위하여 행정처분에 의하여 수형자를 석방하는 형집행작용에 지나지 않는다.[82]

2. 가석방의 요건

가석방은 다음의 요건이 구비되면 가석방심사위원회의 가석방신청에 의하여 법무부장관이 허가할 수 있다(형법 제72조).

(1) 징역 또는 금고의 집행 중에 있는 자가 무기에 있어서는 10년, 유기에 있어서는 형기의 3분의 1을 경과한 후일 것

가석방의 대상은 징역 또는 금고의 집행 중에 있는 자에 한한다. 문제는 벌금을 납입하지 않아 노역장유치가 된 경우에도 가석방을 할 수 있는지에 있다. 노역장유치는 실질적으로 자유형과 다르지 않고 자유형을 선고받은 자에 비하여 벌금형을 선고받은 자를 불이익하게 처우해야 할 이유가 없으므로 가석방을 인정하는 것이 타당하다.[83]

무기의 경우에는 10년, 유기의 경우에는 형기의 3분의 1이 경과하여야 한다. 여기의 형기는 선고형을 의미한다. 이 경우에 형기에 산입된 판결선고전 구금일수는 집행을 경과한 기간에 산입한다(형법 제73조 제1항). 수개의 독립된 자유형이 선고된 경우에는 개개의 형을 분리하여 판단할 것이 아니라 수개의 형을 종합하여 판단하는 것이 타당하다.

(2) 행상이 양호하여 개전의 정이 현저할 것

행상이 양호하여 개전의 정이 현저할 것이란 수형자가 규율을 지키고 건전하게 생활하면서 진정으로 죄를 뉘우치고 있고 형을 집행하지 않더라도 재범을 하지 않을 것이라는 예측을 말한다. 이 때 순전히 특별예방적 목적을 기준으로 하여야 한다.[84]

---

82) 김일수/서보학, 790면; 이재상, 614면; 임웅 636면; 정성근/박광민, 687면.
83) 김일수/서보학, 791면; 박상기, 549면; 배종대, 837면; 이재상, 615면; 임웅 636면; 정성근/박광민, 688면.

(3) 벌금 또는 과료의 병과가 있는 때에는 그 금액을 완납할 것

벌금 또는 과료에 관한 유치기간에 산입된 판결선고전 구금일수는 그에 해당하는 금액이 납입된 것으로 간주한다(형법 제73조 제2항).

3. 가석방의 기간과 보호관찰

가석방의 기간은 무기형에 있어서는 10년, 유기형에 있어서는 남은 형기로 하되 그 기간은 10년을 초과할 수 없다(형법 제73조의2 제1항). 가석방된 자는 가석방기간 중 보호관찰을 받는다(형법 제72조의2 제2항). 다만 가석방을 허가한 행정관청이 필요 없다고 인정한 때에는 그러하지 아니한다(형법 제73조의2 제2항 단서). 가석방기간 중의 보호관찰은 필요적인 것이라는 점에서 선고유예나 집행유예에 있어서의 임의적인 보호관찰과 구별된다.

4. 가석방의 효과

가석방의 처분을 받은 후 그 처분이 실효 또는 취소되지 아니하고 가석방기간을 경과한 때에는 형의 집행을 종료한 것으로 본다(형법 제76조 제1항). 가석방기간 중에 죄를 저질렀다면 형집행종료 후에 죄를 범한 것이 아니므로 누범(형법 제35조)이 되지 않는다.[85]

5. 가석방의 실효와 취소

(1) 가석방의 실효

가석방 중 금고 이상의 형의 선고를 받아 그 판결이 확정된 때에는 가석방의 처분은 효력을 잃는다. 다만 과실로 인한 죄로 형의 선고를 받았을 때에는 예외로 한다(형법 제74조).

---

84) Maurach/Gössel/Zipf, S.520.

85) 대법원 1976. 3. 9, 75도3434.

(2) 가석방의 취소

가석방의 처분을 받은 자가 감시에 관한 규칙을 위배하거나, 보호관찰의 준수사항을 위반하고 그 정도가 무거운 때에는 가석방처분을 취소할 수 있다(형법 제75조). 가석방된 자가 감시규칙을 위반한 때에는 법무부장관이 가석방을 취소할 수 있다.

(3) 가석방의 실효와 취소의 효과

가석방이 실효되거나 취소되었을 때에는 가석방 중의 일수는 형기에 산입하지 아니한다(형법 제76조 제2항). 가석방이 취소되거나 실효된 경우에는 가석방처분을 받았던 자는 가석방 당시의 잔형기의 형을 집행받아야 한다. 무기의 경우에 잔형기는 무기이다. 가석방 중의 일수는 가석방된 날로부터 가석방이 실효 또는 취소되어 구금된 전날까지의 일수를 말한다.

제 5 절 형의 시효와 소멸

I. 형의 시효

1. 형의 시효의 의의

형의 시효란 형의 선고를 받은 자가 재판이 확정된 후 그 형의 집행을 받지 않고 일정한 기간이 경과한 때에는 집행이 면제되는 것을 말한다. 형의 시효는 일정한 기간이 경과하면 확정된 형벌의 집행권을 소멸시키는 제도라는 점에서 검사가 일정기간 동안 공소를 제기하지 않으면 형벌청구권인 공소권을 소멸시키는 공소시효와 구별된다. 그러므로 공소시효는 형사소송법에 규정되어 있다(형사소송법 제249조).

형의 시효를 인정하는 근거는 시간이 경과하면서 당해범죄의 처벌에 대한 사회적 관심이 감소하고 범죄인이 형의 집행을 받지 않고 일정한 기간 살아 온 평온한 생활상태를 존중할 필요가 있다는 데 있다.

2. 시효기간

형의 시효는 형을 선고하는 재판이 확정된 후 그 집행을 받지 않고 일정기간을 경과함으로써 완성된다. 그 기간은 ① 사형은 30년, ② 무기징역 또는 무기금고는 20년, ③ 10년 이상의 징역 또는 금고는 15년, ④ 3년 이상의 징역이나 금고 또는 10년 이상의 자격정지는 10년, ⑤ 3년 미만의 징역이나 금고 또는 5년 이상의 자격정지는 5년, ⑥ 5년 미만의 자격정지·벌금·몰수 또는 추징은 3년, ⑦ 구류 또는 과료는 1년이다(형법 제78조). 시효의 기산일은 판결이 확정된 날로부터 진행하고, 그 말일 오후 12시에 종료한다.

3. 시효의 효과

형의 선고를 받은 자는 시효의 완성으로 인하여 집행이 면제된다(형법 제77조). 형의 선고는 유효하다. 집행면제의 효과는 시효의 완성으로 당연히 발생하고 재판을 요하지 않는다.

4. 시효의 정지와 중단

(1) 시효의 정지

시효는 형의 집행의 유예나 정지 또는 가석방 기타 집행할 수 없는 기간은 진행되지 않는다(형법 제79조). 기타 집행할 수 없는 기간이란 천재지변이나 기타 사변으로 인하여 형을 집행할 수 없는 기간을 말한다. 정지사유가 소멸하면 남은 시효기간이 다시 진행한다.

(2) 시효의 중단

시효는 사형 · 징역 · 금고 · 구류의 경우에는 수형자를 체포함으로써, 벌금 · 과료 · 몰수와 추징에 있어서는 강제처분을 개시함으로 인하여 중단된다(형법 제80조). 시효가 중단되면 시효기간은 처음부터 다시 진행한다.

II. 형의 소멸

1. 형의 소멸의 의의

형의 소멸이란 유죄판결의 확정에 의하여 발생한 형의 집행권을 소멸시키는 제도를 말한다. 이는 검사의 형벌청구권을 소멸시키는 공소권소멸과 구별된다. 형의 소멸원인은 형의 집행의 종료, 가석방기간의 만료, 형집행의 면제, 시효의 완성, 범인의 사망 등이다.

2. 형의 실효

(1) 재판상의 실효

징역 또는 금고의 집행을 종료하거나 집행이 면제된 자가 피해자의 손해를 보상하고 자격정지 이상의 형을 받음이 없이 7년을 경과한 때에는 본인 또는 검사의 신청에 의하여 그 재판의 실효를 선고할 수 있다(형법 제81조). 형의 실효는 재판에 의해서 이루어진다. 형집행 종료 후 7년 이내에 집행유예의 판결을 받고 유예기간이 경과된 경우에는 형의 실효를 선고할 수 없다.[86] 형법 제81조에 의한 형의 실효선고는 형의 선고에 기한 법적 효과가 장래에 향하여 소멸한다는 의미이다.[87]

---

86) 대법원 1983. 4. 2, 83모8.
87) 대법원 1974. 5. 14, 74누2.

(2) 형의 실효 등에 관한 법률

수형인이 자격정지 이상의 형을 받음이 없이 형의 집행을 종료하거나 그 집행이 면제된 날로부터 3년을 초과하는 징역·금고는 10년, 3년 이하의 징역·금고는 5년, 벌금은 2년의 기간이 경과한 때에 그 형은 실효되고, 구류·과료는 형의 집행이 종료하거나 그 집행이 면제된 때에 그 형이 실효된다(형의실효등에관한법률 제7조 제1항). 이에 의하여 형이 실효된 경우에도 형의 선고에 의한 법적 효과는 장래에 향하여 소멸된다.[88] 하나의 판결로 수개의 형이 선고된 경우에는 각 형의 집행을 종료하거나 그 집행이 면제된 날로부터 가장 중한 형에 대한 위의 기간이 경과한 때에는 그 형은 실효된다. 이 경우에 징역과 금고는 동종의 형으로 보고 각 형기를 합산한다(동조 제2항).

3. 복권

자격정지의 선고를 받은 자가 피해자의 손해를 보상하고 자격정지 이상의 형을 받음이 없이 정지기간의 2분의 1을 경과한 때에는 본인 또는 검사의 신청에 의하여 자격의 회복을 선고할 수 있다(형법 제82조). 복권은 사면법에 의해서도 인정된다(사면법 제3조 3호, 제6조).

4. 재판절차

형의 실효 및 복권의 선고는 그 사건에 관한 기록이 보관되어 있는 검찰청에 대응하는 법원에 신청하여야 한다(형사소송법 제337조 제1항). 이 신청을 받은 법원은 결정으로 이를 선고한다(동조 제2항). 신청인은 각하결정에 대하여 즉시항고를 할 수 있다(동조 제3항).

---

88) 대법원 2002. 10. 22, 2002감도30.

제2장 보안처분

I. 보안처분의 의의

보안처분이란 재범의 위험성이 있는 범죄인을 교화·개선하고 범죄를 예방하기 위하여 부과되는 형법 이외의 형사제제를 말한다. 보안처분은 행위자의 위험성을 요건으로 하고 장래의 범죄예방을 목적으로 부과되는 형사제재라는 점에서 책임을 전제로 하고 과거의 범죄를 대상으로 하는 형벌과 구별된다.

II. 보안처분의 종류

1. 대인적 보안처분과 대물적 보안처분

대인적 보안처분이란 장래의 범죄예방을 위하여 부과되는 사람에 대한 보안처분을 말한다. 이에 대하여 대물적 보안처분이란 범죄에 사용될 위험한 물건에 대한 보안처분을 말한다. 몰수, 영업소폐쇄, 법인의 해산명령 등이 여기에 해당한다. 치료감호법은 대인적 보안처분만을 규정하고 있다.

2. 자유박탈보안처분과 자유제한보안처분

이는 자유의 침해정도에 따른 구별이다. 자유박탈보안처분이란 행위자를 일정한 시설에 격리 수용하는 보안처분을 말한다. 치료보호법상의 치료감호가 여기에 해당한다. 치료감호에는 심신상실자에 대한 치료감호는 물론 중독자에 대한 치료감호가 포함된다. 이에 대하여 자유제한보안처분이란 보호관찰이나 보안관찰 등과 같이 자유를 제한하는 보안처분을 말한다.

III. 형벌과 보안처분의 관계

형벌과 보안처분은 어떤 관계에 있는가에 대해서는 일원주의, 이원주의 및 대체주의가 대립하고 있다.

1. 일원주의

일원주의란 형벌과 보안처분 가운데 어느 하나를 인정하는 원칙을 말한다. 일원주의는 형벌이 특별예방적 목적을 달성할 수 없을 때 형벌을 적용하지 않고 보안처분을 선고하는 것이 타당하다고 한다.

2. 이원주의

이원주의란 형벌과 보안처분을 동시에 선고하고 중복적으로 집행하는 원칙을 말한다. 여기서는 형벌이 보안처분에 우선하여 집행되는 것이 원칙이다. 보안처분은 형벌을 보충하는 기능을 하기 때문이라고 한다.

3. 대체주의

대체주의는 이원주의에 입각하여 형벌과 보안처분을 동시에 선고하되, 집행단계에서 형벌을 보안처분으로 대체하거나 보안처분의 집행이 종료된 후에 집행하는 원칙을 말한다. 대체주의의 특징은 형벌보다 보안처분이 먼저 집행되고, 보안처분의 집행기간은 형기에 산입하며, 보안처분을 집행한 후 형벌의 집행은 유예될 수 있다는 것이다. 우리나라 치료감호법은 치료감호는 형벌보다 먼저 집행하고 그 집행기간을 형기에 산입함으로써 대체주의를 채택하고 있다.

4. 검토

일원주의는 형벌의 해체로 이어질 위험성이 있을 뿐 아니라 특별예방만을 형사제재의 목적으로 보는 것도 타당하지 않다는 비판을 받는다.[89] 이원주의는 형벌과 보안처분을 중복하여 집행하는 것은 이중처벌에 해당하고[90] 형벌과 보안처분을 구별하는 것은 실제로는 불가능하며[91] 보안처분의 목적에 비추어 볼 때 형벌보다 먼저 집행되는 것이[92] 순서라는 비판을 받는다. 대체주의는 형벌과 보안처분을 구별하면서도 보안처분을 먼저 집행함으로써 형벌의 목적이기도 한 특별예방의 목적을 달성하기에 가장 적합한 원칙이라고 할 수 있다. 따라서 대체주의가 타당하다고 생각한다.

IV. 현행법상 보안처분

헌법 제12조 제1항은 "누구든지 법률에 의하지 않고는 처벌·보안처분 또는 강제노역을 받지 아니한다"고 규정하고 있다. 또 보안처분에 관한 법으로는 치료보호법, 보안관찰법, 보호관찰 등에 관한 법률 및 소년법이 있다.

1. 치료감호

(1) 치료감호의 의의

치료감호란 심신장애자와 마약류·알코올 중독자 및 정신성적 장애자를 치료감호시설에 수용하여 치료하는 보안처분을 말한다(치료감호법 제16조). 심신장애자에 대한 치료감호는 격리를 위한 보안처분이라고 해야 한다.

(2) 치료감호의 요건

1) 심신장애자에 대한 치료감호

심신장애자로서 형법 제10조 제1항에 의하여 벌할 수 없거나(심신상실자) 동조 제2항의 규정에 의하여 형이 감경되는 자(심신미약자)가 금고 이

89) 배종대, 847면.
90) 임웅, 645면.
91) 이재상, 626면.
92) 박상기, 557면.

상의 형에 해당하는 죄를 범하고, 치료감호시설에서의 치료가 필요하고 재범의 위험성이 있는 때(치료감호법 제2조 제1항 1호) 치료감호를 부과할 수 있다. 따라서 범죄는 심신장애의 원인이 되는 병적 심신상태로 인하여 저질러져야 하고 심신장애와 관계없이 죄를 범하였을 때에는 치료감호를 과할 수 없다.[93] 치료의 필요성은 정신과 전문의 등의 진단 또는 감정을 참고하여 판단해야 한다(치료감호법 제4조 제2항).

2) 마약류 · 알코올중독자에 대한 치료감호

마약 · 향정신성의약품 · 대마 그 밖에 남용되거나 해독을 끼칠 우려가 있는 물질이나 알코올을 식음 · 섭취 · 흡입 또는 주입받는 습벽이 있거나 그에 중독된 자가 금고 이상의 형에 해당하는 죄를 범하고, 치료감호시설에서의 치료가 필요하고 재범의 위험성이 있다고 인정되는 때 치료감호를 할 수 있다(치료감호법 제2조 제1항 2호).

3) 정신성적 장애자에 대한 치료감호

소아기호증, 성적가학증 등 성적 성벽이 있는 정신성적 장애자로서 금고 이상의 형에 해당하는 성폭력범죄를 지은 자로서 치료감호시설에서 치료를 받을 필요가 있고 재범의 위험성이 있다고 인정되는 때 치료감호를 과할 수 있다(치료감호법 제2조 제1항 3호).

(3) 치료감호의 내용

심신장애자와 정신성적 장애자에 대한 치료감호시설에의 수용기간은 15년을 초과할 수 없다(치료감호법 제16조 제2항). 다만 약물 · 알코올중독자 등의 수용기간은 2년을 초과할 수 없다(동조 제2항 단서). 치료감호심의위원회는 치료감호만을 선고받은 피치료감호자가 그 집행개시 후 1년이 지났거나, 치료감호와 형이 병과되어 형기 상당의 치료감호를 집행받은 자에 대하여는 상당한 기간을 정하여 그의 법정대리인 · 배우자 · 직계친족 · 형제자매에게 치

93) 대법원 1986. 2. 25, 85감도419.

료감호시설 외에서의 치료를 위탁할 수 있다(치료감호법 제23조 제1항·제2항). 피치료감호자에 대하여 그 집행개시 후 매 6월 종료 또는 가종료 여부를, 가종료 또는 치료위탁된 피치료감호자에 대하여는 가종료 또는 위탁한 후 매 6월 종료 여부를 심사·결정한다(치료감호법 제22조).

피치료감호자에 대하여는 치료감호시설에 수용하여 치료를 위한 조치를 한다(치료감호법 제16조). 심신장애자와 약물중독자 및 정신성 장애자는 특별한 사정이 없는 한 분리·수용하여야 한다(치료감호법 제19조).

형벌과 치료감호가 동시에 선고된 때에는 치료감호를 형보다 먼저 집행한다. 이 경우에 치료감호의 집행기간은 형기에 포함한다(치료감호법 제18조).

치료감호는 수용기간의 경과 또는 치료감호심의위원회의 종료결정에 의하여 종료된다(치료감호법 제22조). 피치료감호자에 대하여 형의 집행정지사유의 하나에 해당하는 사유가 있는 때에는 검사는 치료감호의 집행을 정지할 수 있다(치료감호법 제24조).

V. 보호관찰

1. 보호관찰의 의의

보호관찰이란 치료감호가 가종료되거나 치료위탁된 피치료감호자를 감호시설 외에서 지도·감독하는 보안처분이다. 보호관찰은 자유로운 상태에 있는 범죄인에 대한 지도에 의하여 범죄인의 사회복귀와 교육의 목적을 달성하기 위한 외래적 치료이고 치료감호의 보충수단으로서의 자유제한보안처분에 해당한다.

치료감호의 경우에 적용되는 보호관찰도 보호관찰등에관한법률에 의하여 보호관찰소와 보호관찰관이 지도와 감독을 담당한다(보호관찰등에관한법률 제3조, 제16조).

2. 보호관찰의 요건

치료감호법의 보호관찰은 다음의 두 가지 경우에 개시된다. ① 피치료감호자에 대한 치료감호가 가종료된 때, ② 피치료감호자가 치료감호시설 외에서의 치료를 위하여 법정대리인에게 위탁된 때.

3. 보호관찰의 내용

피보호관찰자는 보호관찰등에관한법률 제32조 제2항의 규정에 따른 준수사항을 성실히 이행하여야 하며, 치료감호심의위원회는 피보호관찰자의 특성을 고려하여 위의 일반적 준수사항 외에 치료 그 밖에 특별히 준수하여야 할 사항을 과할 수 있다(치료감호법 제33조).

보호관찰의 기간은 3년이다(치료감호법 제32조 제2항). 다만 보호관찰기간의 만료 전이라도 피보호관찰자에게 치료감호심의위원회의 치료감호의 종료결정이 있는 때, 피보호관찰자가 다시 치료감호의 집행을 받게 되어 재수용되거나 새로운 범죄로 금고 이상의 형의 집행을 받게 된 때에는 보호관찰이 종료된다(치료감호법 제32조 제3항).

주 요 참 고 문 헌

국내문헌

김일수/서보학	형법총론(제11판), 박영사, 2008	(김일수/서보학)
박상기	형법총론(제8판), 박영사, 2009	(박상기)
배종대	형법각론(제7판), 홍문사, 2010	(배종대)
손동권	형법총론(제2 개정판), 율곡출판사, 2005	(손동권)
성낙현	형법총론(제2판), 동방문화사, 2011	(성낙현)
신동운	형법총론(제5판), 법문사, 2010	(신동운)
오영근	형법총론(제2판), 박영사, 2009	(오영근)
유기천	개정 형법학(총론강의), 일조각, 1983	(유기천)
이재상	형법총론(제6판), 박영사, 2010	(이재상)
이정원	형법총론(제2판), 법지사, 2001	(이정원)
이형국	형법총론(제4판), 법문사, 2007	(이형국)
임 웅	형법총론(제3판), 법문사, 2010	(임 웅)
정성근/박광민	형법총론(제4판), 삼지원, 2008	(정성근/박광민)
정영석	형법총론(제5전정판), 법문사, 1987	(정영석)
정영일	형법총론(개정판), 박영사 2007	(정영일)
진계호	형법총론(제8판), 대왕사, 2007	(진계호)
차용석	형법총론강의 I, 고시연구사, 1998	(차용석)
황산덕	형법총론(제7전정판), 방문사, 1982	(황산덕)

독일문헌

Baumann/Weber/Mitsch: Strafrecht, 11. Aufl., 2003

Blei, Hermann: Strafrecht, Allgemeiner Teil, 18.Aufl., 1983

Jakobs, Günther: Strafrecht, Allgemeiner Teil, 2.Aufl., 1991

Jescheck/Weigend: Lehrbuch des Strafrechts, Allgemeiner Teil, 5.Aufl., 1996

Maurach/Zipf : Strafrecht, Allgemeiner Teil, 8.Aufl., 1992

Roxin, Claus: Strafrechts, Allgemeiner Teil, Bd.I, 4.Aufl., 2006

Stratenwerth, Günther: Schweizerisches Strafrecht, Allgemeiner Teil I, 2.Aufl., 1996

Schönke/Schröder: Strafgesetzbuch, Kommentar, 27.Aufl., 2006

Welzel, Hans: Das Deutsche Strafrecht, 11.Aufl., 1969

Wessels/Beulke: Strafrecht, Allgemeiner Teil, 37.Aufl., 2007

찾 아 보 기

사항색인

(ㄱ)

(ㅇ)

(ㅈ)

(ㅊ)

(ㅌ)

(ㅍ)

(ㅎ)

판례색인